U0580847

感谢我父母的养育与教诲

我想把此书送给我亲爱的儿子天哥

他让我从跌宕起伏、看似不堪的人生中

重新醒来，找到了自己生命的希望与天赋

别担心
没问题

孩子

毛妍力 / 著 /

九 州 出 版 社
JIUZHOUPRESS

图书在版编目（CIP）数据

别担心，孩子没有问题 / 毛妍力著 . — 北京：九
州出版社，2018.8
ISBN 978-7-5108-7556-4

Ⅰ．①别… Ⅱ．①毛… Ⅲ．①家庭教育 Ⅳ．① G78

中国版本图书馆 CIP 数据核字（2018）第 123517 号

别担心，孩子没问题

作 者	毛妍力 著	
出版发行	九州出版社	
地 址	北京市西城区阜外大街甲 35 号（100037）	
发行电话	(010)68992190/3/5/6	
网 址	www.jiuzhoupress.com	
电子信箱	jiuzhou@jiuzhoupress.com	
印 刷	天津盛辉印刷有限公司	
开 本	880 毫米 ×1230 毫米 32 开	
印 张	6.75	
字 数	119 千字	
版 次	2018 年 11 月第 1 版	
印 次	2018 年 11 月第 1 次印刷	
书 号	ISBN 978-7-5108-7556-4	
定 价	59.00 元	

★版权所有　侵权必究★

本书赞誉

我们很容易把自己的主观愿望强加给孩子，这是教育出现很多问题的重要原因。

毛老师的这本书是其多年家庭教育实践的经验总结，字里行间不仅有爱，更有智慧。书中提到的案例具有代表性和广泛性，希望所有的父母和教育工作者能从本书中获得启发，引领孩子发掘出自己本有的光明。

——中佛协副会长 湖北省佛协会长 黄梅五祖寺方丈 正慈法师

《别担心，孩子没问题》这本书特别推荐给正被"孩子的问题"困扰的父母们和即将为人父母者，让我们都学会"用爱的眼睛"看孩子。

——生命教练 湛蓝

别让你的焦虑压垮了孩子

文 / 李鲆

父母这个角色现在是越来越难做了，孩子刚出生，就要开始操心给孩子喝什么牌子的奶粉、穿什么牌子的衣服、用什么牌子的尿布；孩子开始上学了，就要开始担心孩子的成绩、孩子的人缘、孩子的未来；孩子出去工作了，就要开始担心孩子的婚姻大事、前途出路……

可以说大部分人从背负起父母责任的那一刻，后半辈子就一直在为孩子的事情焦虑。

市面上有很多"恐吓"父母的家庭教育类书籍，这类带有"恐吓"性质的书籍，一般有个耸人听闻的标题，比如什么"你的孩子正在被同龄人所抛弃""你的孩子已经输在了起跑线上""你的孩子有问题"之类的。

然后这类书的重点就放在如何管教孩子才能让孩子变得更优秀这方面上，仿佛把所有孩子都当成了小动物，只要用这种机械的方法去约束孩子、驯养孩子，就能让孩子乖巧听话刻苦努力。

试想一下，如果所有孩子都对父母唯命是从，不吵不闹，天天拼命学习，做习题做到深夜……这不是一件很恐怖的事吗？

孩子是一个独立的生命个体，他们会有不同的性格、不同的兴趣爱好，但是很多父母却选择忽略这点，固执地想要把孩子培养成机器人。

无法否认，父母的出发点是好的，但这份担忧、焦虑，可能会压垮

孩子。

为什么那么多孩子在高考落榜后选择了万劫不复的道路？就是因为孩子承受了父母过多的期待，当无法回应这份期待时，所产生的后果，往往是我们父母难以想象的。

别再认为孩子的叛逆、懒散、不听话等等是孩子出现了问题，孩子没问题，这些都是在孩子成长过程中，必然会遇到的。

很多父母为了给孩子提供最好的物质享受，整日忙于工作，从而忽略了孩子的身心发展，对于自己的孩子完全不了解。

一旦孩子有自己的想法，不愿意按父母的要求来，父母就认定自己的孩子出了问题。明明父母对孩子一无所知，凭什么认为孩子有问题呢？

世上没有完美的人，父母却要求孩子成绩优秀，性格开朗，什么事都要做好，这实际上就是一种以爱为名的逼迫和压榨。时间久了，孩子自然就会想要反抗，想要逃离父母的掌控。

毛妍力老师这本《别担心，孩子没有问题》就是教父母如何放下焦虑，将孩子看作一个独立的生命个体，学会如何与孩子相处。

本书不仅有毛妍力老师把儿子培养成优秀人才的育儿经验，还结合了毛妍力老师在为其他家庭做教育咨询时的经典案例，为父母一一揭示孩子的内心世界，而且本书针对父母在教育孩子的过程中所犯的错误，给出了具体有效的解决方法。

仔细看看这本书吧，放过孩子，也放过自己，别让父母的焦虑压垮了孩子，你的孩子其实没有问题！

生命不息，成长不止

我喜欢写作，也一直很想出版一本育儿的书，一本实实在在、通俗易懂的育儿书。

原本这只是一个想法，真正让我有勇气去执行这件事的，是我公众平台的众多粉丝和父母课堂的家长们的支持。

我之所以对家庭教育和育儿方面如此喜欢和用心，是受了我初中班主任饶老师的影响。他让我看到什么才是真正的教育和爱；他让我体会到什么是温暖，什么是幸福；他让我那颗孤独脆弱的心灵有了归属感，也让我找回了自信。

然而，一场意外夺去了老师年轻的生命，一切来得太突然，我还来不及用优异的学习成绩回报老师，他就这么离开了我。

那个年幼的我被这突如其来的重创击垮了，我消沉了很久。直到无意中看到一封饶老师写的信，我才重新找回一个孩子应有的生命光彩。

我在心里暗暗发誓，长大了一定要当一名老师，当一名能用智慧和爱去启迪孩子的老师。

当我踏上教育这条路，我深深爱上了教育这个行业。

除了我对教师这个职业有一种使命感，更多的还有来自我心灵深处，对孩子深深的喜欢和爱。因此，我喜欢教育可谓喜欢到了骨子里。

当我有了自己的孩子，我发现他不够快乐，并且胆小、内向，很多人对我说这孩子有问题，我的心被深深刺痛了。

我不相信自己的孩子有问题，我觉得孩子会这样，大部分原因要归于我自己，于是我开始不断学习和成长，并且涉足了家庭教育领域。

我在课堂上，见到老师对很多父母说："你的孩子这个状态很有问题，你需要成长，不然孩子会出现更多的问题，那个时候你需要付出的代价会更大。"

写到这里，我内心充满感激。正是因为这些话，唤醒了我对家庭教育深深的喜欢和热爱，让我能够重新认识自己、了解自己。

当我开始把注意力放在自己身上，我意外地发现自己有速记的天赋。

这让我顿悟，其实每个孩子都有自己独特的天赋，如果父母能够真正地去了解自己的孩子，就能轻易发现自己孩子的天赋。这样，孩子的这个天赋就可以被保护，甚至开发得更好。

但是，我们往往更容易把注意力放在孩子没达到父母标准的地方，越是注意这些地方，就越觉得孩子有问题，父母也变得更焦虑。

在此，我想说，没有什么比唤醒父母的意识更重要，父母的思想境界越高，越能带领孩子走向更高的人生台阶；父母的情绪状态越稳定，越能养育出品质优秀的孩子。

说实话，现代父母其实很不容易，既要面对时代快速发展的压迫感，还要去做好孩子坚强的后盾，给孩子最有力的支撑。

我们这个时代的父母越发感到焦虑、恐惧，我们担心着孩子的未来，担心着孩子的身心健康，因为这份焦虑和担心，孩子的一举一动都会牵动着父母的神经。

我深深地相信，并不是父母不愿意花时间学习。毕竟孩子成长的过程中，会出现很多可能性，当孩子身上出现这些所谓的不良行为、不良情绪也好，问题也罢，都不能因此把父母摆在受谴责的位置，更不能因此否定父母对孩子的爱和付出。

每一代的父母都尽力把自己当下最好的给予了自己的孩子。

现在的时代，资讯发达，各种育儿理论，让我们眼花缭乱，不知道

如何选择。我看到很多育儿专家把大量精力花在讲课上，生活中却没有太多的时间去陪伴孩子，对自己孩子的态度方式，和他讲课的内容完全不同。

也许是见识了太多这样的事情，我对自己有了更多的提醒，这些提醒让我在养育孩子的过程中，学会用心体会孩子的成长。

我去讲课，给大家分享家庭教育经验时，都不会说大道理，或者把我自己没有做到的分享出去。我说的每一句话、每一个方法都是自己做到的，都是真真切切从我自己养育孩子的过程中领悟到的。

每个家庭，环境不一样，每个人对待事情和问题的角度也不一样。家庭教育没有所谓的对错，更不存在所谓完美的教育。

因此，我写这本书，只是从一个父母看待孩子生命本质的角度，做一个简单的分享。希望我这些思考领悟，能带给读者一丝丝感悟。

生命不息，成长不止。

我自己在扮演父母这个角色时，还有很多需要提升的地方。

因为孩子的成长，是个不断前行的过程，他会遇到很多我们无法预测的困境、障碍。因此，我还需要不断地去学习、读书，继续成长。

所谓的教育并非去教孩子如何做，而是应该要以身作则去影响孩子，父母和孩子共同成长，一起前行。

生命是一段奇妙的旅程，当我们把注意力放在创造美好上，就会发现我们所遇到的都是各种各样美好的事，养育孩子也是如此。

倘若这本书中有那么一两篇文章触动了你，让你对自己的孩子有了新的认识和了解，我写这本书就值得了！

目录

第一章　孩子，你的生命值得更高配

第二章　孩子，其实你能安心做自己

第三章　孩子，如何才能不让你心碎

第四章　孩子，其实我知道你很努力

第五章　孩子，你会成为优秀的自己

第六章　孩子，愿你拥有最好的青春

第七章　孩子，你的父母值得你钦佩

大咖推荐

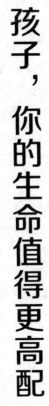

第一章

孩子，你的生命值得更高配

你要学会接纳自己的不完美

01

父母如果能学会爱自己、欣赏自己，孩子受到父母的影响，说不定能在自己人生中创造出奇迹。

同时，孩子是父母的天使，他们能够让我们更好地去感悟生命、体验生活、放下对完美的执念。

曾经，有很长一段时间，我非常在意旁人对我的评价，导致我对自己有很多的批判，对自己有诸多的不满意。可以说那段时间我彻底否定了自己，认为自己极其不堪。

虽然我很爱自己的儿子，但还是不得不说，我的儿子有缺点。他是那种一根筋的人，做任何事情，都一定要做到极其完美才肯罢休。

有的人羡慕我的孩子很听话、很自觉，说我儿子这么小就知道要把事情做到尽善尽美。然而我却很心疼这样的儿子，因为我发现儿子和小伙伴一起玩的时候，显得很紧张，生怕自己做得不如小伙伴好。

他胆小自卑，极其敏感，总是害怕有人来欺负他，常常一个人默默发呆和玩弄玩具。为了让孩子能够自信点，我无数次对孩子说：宝宝，妈妈爱你。可惜并没有什么用，我不知道哪里出错了。

直到儿子 6 岁生日那一天，我看到他在卡片上写：我最大的愿望，是希望妈妈快快乐乐，对自己要求不要那么严格，因为妈妈已经很棒了。

拿着这张卡片，我再也无法抑制自己的情绪，忍不住号啕大哭。

我流着泪走到儿子身边，紧紧地抱着他亲吻他，儿子默默地给我擦着眼泪。透过儿子那纯净的眼神，我看到孩子内心深处的爱与渴望。

孩子这张卡片犹如当头一棒，让我从混沌的状态中清醒过来。

这是我第一次重新换个角度来看自己，是儿子提醒了我，孩子形成吹毛求疵这样性格的根源在于我自己。我越是不能接纳自己的不完美，孩子就越是会学着我的样子对自己苛刻。

看了儿子的卡片，我开始反思自己。

孩子就是我们的一面镜子，孩子当前的状态其实能真实反映出父母当前的状态。

尽管我内心无比疼爱孩子，然而由于我对自己有如此多的不接纳，因此我的这份爱对于孩子来说就是一份沉重的负担。

其实每个孩子都深深爱着父母，都忠诚于自己的父母，因为爱所以忠诚，因为忠诚所以孩子会模仿父母的一举一动。

我不希望儿子重复我的命运，更不希望他像我一样不快乐地长大，对自己永远都是不满意。事事追求完美的活法，会让人很累，不仅如此，还会带给人很多委屈，以及很大的自我牺牲感。

为了让毫无负担的爱流向孩子，我应该学会做个完整的妈妈而不是完美的妈妈。

02

遇到过一个家长来咨询家庭教育，一进门，就絮絮叨叨地向我数落孩子的缺点。

"我的孩子，做任何事情都是三分热度，很容易半途而废；缺乏积极性，从不主动，也没有计划，就算有计划都是说得好听，动手执行时却很难做到；又舍不得吃苦，很懒；做事没有做到就会哭闹，脾气也大……"

没等对方说完，我就忍不住插话了："不好意思打断一下，你能跟我说说你的孩子有什么优点吗？"

对方愣住了，思考许久，才想到两个并不算优点的优点。

"他吃饭不挑食，穿衣服也从来不挑，买什么穿什么。"

我问："除了这两点，你还能想到孩子身上其他的优点吗？"

对方无比干脆地回答："没有。"

"那么，你呢？你的优点是什么？"

这位家长同样想了很久，才一脸为难地告诉我："我实在想不出自己有什么优点。我就是一个全职妈妈，每天只会在家打理家务，没什么出息，心里蛮自卑，因为我觉得其他女性都做得比我好。"

我安慰她："谁说干家务就没出息？把家务打理好，需要足够的细心和耐心，甚至还需要逻辑思维能力和统筹协调能力。没有这些能力，能把家里收拾得整洁明亮吗？能做好一家人都爱吃的饭菜吗？所谓众口难调，要让一家人在每一顿饭中，都吃上自己喜欢的美食，是很不容易的。"

我问这位家长："你快乐吗？每当你否定自己、看低自己时，你是变得更加积极向上，还是更加消极？"

"当我否定自己，我的情绪会变得更加低迷，所以我才希望孩子能积极主动啊。可是无论我对孩子怎么说都没有用，我就很着急很焦虑，想着这样下去如何是好。但是我并没有在孩子面前流露过消极情绪，在孩子面前我都刻意把自己好的一面表现出来。"

当我们父母看不到自己的优点、不欣赏自己，从而对自己很多批判时，我们的孩子同样也会模仿我们的行为，在不知不觉中变得不欣赏自己，对自己诸多批判。

很多父母都希望孩子青胜于蓝，同时很害怕孩子会活得像自己现在这样不如意，但父母越害怕，孩子就越有可能成为我们最不希望看到的样子。

如果父母对自己有很多的不满意，无法接纳自己，那么自然就会不快乐，自己不快乐，又怎么能带给孩子快乐？

我接着说："请先谈谈你觉得自己有什么地方是要改正的，再谈谈目前你希望自己孩子改正的地方。"

等这位家长说完，她就惊讶地发现，孩子的缺点和自己的一模一样，

简直像是复制粘贴的一样。

家长问："为什么会这样？"

我们都对孩子太过关注，以至于看到孩子身上出现一丁点不良行为，都会非常焦虑和担心。我们容易放大孩子的缺点，明明自己身上也存在这些缺点，但偏偏我们就认定孩子出了问题，而忘记了反思自己。

其实当你接纳了自己，就能看懂孩子，欣赏孩子。所以，父母要学会自我悦纳，也就是接纳自己的不完美。

03

我们的优点和缺点，都是人格的一部分。

当我们不理解、不接受自己，仅仅是强制性地在行为上改变自己，经常没有什么效果。

接纳自己的不完美，要从接纳自己的童年经历开始；接纳自己的童年，要从接纳自己父母的不完美开始。

人生的每一段经验都是一笔财富，无论这经验是好是坏，都是这个世界赐予我们的礼物。

曾经我很不喜欢那种自私、遇到困难就退缩的人，我也很害怕自己会成为自私的人，更加无法接受自己遇到困难时也会退缩。

尽管我的内心很想自己坚强勇敢点，但是不知道为什么，我就是无法做到。因此我对自己产生了愤怒、哀伤、焦虑等等负面情绪。

我之所以无法接纳自己的缺点，是因为童年时期的一段经历。

有一次家里来了很多客人，妈妈做了一大桌子美食，这对于一个6岁的孩子来说，是完全无法抵挡的诱惑。

我兴奋得堪比中了头等彩票，早把妈妈说的那些诸如"客人优先""要有礼貌"之类的话，统统抛到了九霄云外，直接开始夹菜吃饭了。

正当我吃得很开心时，父母突然把我拉到一边，严厉地教训到："你这孩子怎么这么自私，只顾自己吃，没有看到还有那么多客人吗？"

顿时，我感觉特别羞愧，好像犯了什么滔天大罪一样，无地自容。

我默默放下碗筷，蹲在一边不停地责备自己。

这份愧疚一直伴随着我长大，从此我努力想要变成很无私、很大方的人。

上学的时候，我对同学十分慷慨大方；工作后我又无比积极，当同事有事情需要帮忙，我总是很爽快地答应。

虽然表面上看，我就是老好人一个，然而我心里其实压抑着很多委屈和愤怒。

看起来我为同学、同事付出了很多，做了很多，但其实吃力不讨好，我和很多同学、同事的关系反而很脆弱，不堪一击。

我越是不接纳自己的缺点，就越是压抑，越是压抑，我的人际关系就会变得越脆弱。

当我不允许自己自私，那么我对孩子的爱，就会变成那种中国式母爱——无微不至、事无巨细，用牺牲自己、耗尽自己的方式去爱孩子。

中国式母爱过于"伟大"，这样的情况下，我哪里有时间和精力去关注自己想要什么？

我想，这大概就是我的孩子会在卡片上写下希望妈妈自私点的原因。

有一次，我去上舒老师的课。舒老师给我们上了一堂名为"接纳自己的不完美"的课，在这过程中，我按照老师的指导，回忆起童年的悲伤，想起过去那个渴望父母的爱与肯定的自己……

最后，我的悲伤都变成了泪水，彻底地释放了，哭完之后，我放松了。我不知道在这个过程中，自己有没有发生什么改变。我只知道，我的心情确实轻松了很多、自在了很多，整个人变得无比的轻盈、舒畅！

04

慢慢地，我调整好了自己的状态，开始把注意力放到自己身上，也开始接纳自己所有的不完美。

我开始欣赏自己，也学会放下愧疚和补偿的心理，来爱我的孩子，真正做到给予孩子力量与自由。

当我真正了解自己、接纳自己、欣赏自己之后，我开始变得放松了。我不会再像以前那样，做事情都追求精致和完美，也不会委屈自己全身心地服务身边的人。

当我改变了自己，我的状态越来越好。我发自内心喜欢自己，对生命充满敬畏，对未来充满信心。

我开始真正地做自己喜欢的工作，和喜欢的人待在一起，我的兴趣爱好变得越来越广泛，生活多姿多彩；我变得更加积极开朗，即使患上重大疾病，我也依然能快乐、勇敢地去面对。

我的儿子也变得越来越活泼大方、彬彬有礼，还常常用诙谐幽默的口吻，与我拌嘴说笑。家里时常充满欢声笑语，显得温暖甜蜜。

每当看到孩子灿烂的笑容，或是听到孩子滔滔不绝地讲述自己的梦想、学校发生的事情时，我都会很开心。

这种从内心洋溢出的自信，为我的生命打开了一扇更大的门，让我看到了不一样的世界，也让我看到自己的价值，从而认同每个人的存在价值。

做完美的父母很辛苦，当我们要求自己完美，自然就容易用挑剔的眼光批判孩子，亲子关系也会因此出现矛盾。

因此，爱孩子，从接纳自己的不完美开始，让孩子感受到父母真实的、完整的爱。

父母唯有不苛求自己做到完美，对自己有所宽容，允许和接纳自己的缺点，这样的爱才能没有负担，才能带给孩子更多的满足和安全感。

爱孩子，重点不是我们说了什么，讲了多少道理，因为孩子是以我们父母的真实状态为标杆的，所以爱孩子，要看父母做了什么，活成了什么样子。

父母给孩子最好的爱，是完整而非完美。父母允许自己有缺点，才能让孩子更加懂得尊重生命，更加有力量和爱去面对自己的人生。

给孩子创造一个温暖的童年

01

我写这篇文章，其实是源于我的儿子。

有一天，在接他放学的路上，我们看到一个母亲面对自己的孩子，正在一边唠叨一边哭泣，情绪失控，几乎崩溃。

"我为你付出这么多，你就这样回报妈妈。"

"你知不知道妈妈多么辛苦、多么不容易。"

"因为你，妈妈放弃了自己的工作，我这么爱你，你看看你是怎么回报妈妈的？"

"你说话啊，为什么这次考试没有达到预定的目标？"

……

孩子低着头，安静地走着，偶尔会踢踢路边的小石子。

儿子走过去，悄悄地对这个孩子说："别担心，你没有问题。难过就哭一哭。"

我惊呆了，虽然儿子尽量压低声音，依然还是被我清晰地听到了。我能够感觉到，儿子说这短短的两句话时，他内心非常坚定。

儿子说："很多父母其实都还是一个孩子，所以总觉得搞不定自己的孩子。很多父母他们的童年就是不完整的，自然也会带给自己孩子不完整的童年……"

爱是可以伤人的。

我们太过担心和焦虑，带着一份恐惧看待自己孩子，担心孩子的未来，担心孩子习惯不好、情绪不好等等。总之，把孩子很小的一个行为，放大了无数倍。因此看自己孩子，只能看到问题。

其实，没有所谓的问题孩子，父母不需要担心得太多。

当然，并非父母天生就喜欢对孩子抱怨、挑剔，觉得孩子这里不够好，那里又有错；并非父母不爱自己的孩子，而是父母自己在成长过程中受到了某些负面的人生经验影响，导致现在所形成的内在情感网络系统有所缺陷。

因此，通过一个人成年后的行为、情绪反应，大概就可以推测出他的童年生活、家庭环境、父母的关系、父母的类型……

童年的成长经历，可以影响到一个人的性格，甚至是选择工作、伴侣和对生活的态度……

所谓给孩子一个完整和温暖的家，并不是单纯地说，给孩子一个优渥的外在生活环境和条件，更多的是关注孩子内心的世界，在孩子童年时期给予更多关爱。

孩子在童年时期没有得到关爱，就会寻寻觅觅一辈子。

如同我儿子所说：孩子童年没有体会到爱，自己就很难感受和体验到快乐和幸福，同时还会缺乏爱的能力，这和有没有钱没有关系。

其实生活中处处都是美好，心不温暖，就体会不到温暖，给不出温暖。

02

父母会有焦虑和担心，容易在孩子面前失控，产生挫败和无力感，是因为我们自己的内在也住着一个纯真的小孩。

我们内心会有很多的冲突和矛盾，虽然知道打孩子不好，不能骂孩子，可是就是控制不住，管不住自己。

导致我们有这样反应的，并非我们头脑所知道的应该不应该，而是我们的内在情感。

人的情感是很复杂的，每个人内心所想，和做出的行为，就是理性和感性的一场博弈。有时候感性压制了理性，我们就会做出不理智的举动。

我们在自己的童年时期有过不被爱的恐惧、不被认可的伤痛等等，我们心里就会留下许多情感创伤。

再次遇到相同的情况下，我们心里的委屈、愤怒等情绪，就会被轻易勾起。

因此，我们成为父母后，在养育孩子的过程中，所遇到的让我们抓狂，让我们难过伤心的事情，其实是一个大大的机会，对父母来说是有好处的。

因为在养育孩子的过程中，我们会不断地把自己潜藏得很深的情绪，真实地呈现出来，让我们有机会看懂自己。

父母也会为了孩子好，从而产生动力，想要努力去成长和改变。

因为相比其他关系，父母对孩子更容易给出承诺。

那么我们就会更愿意为了孩子而做出改变。重新看待自己，重新面对自己。

给孩子一份温暖的爱，从认识自己、了解自己开始，从真正去爱自己开始。

当我们开始爱自己，对自己有更深的认识和了解，我们才会有去爱别人的能力，才能给孩子创造一个温暖而完整的童年。

所谓爱自己，不单单是给自己买价格昂贵的衣服，这样做，只是在物质层面给予自己满足，短暂的满足过后，自己很快又会产生愧疚情绪，责骂自己为什么如此不懂节约。

真正的爱自己，是从心灵上给自己松绑，让自己心灵爱的羽翼更加饱满和丰厚，你才可以挥动翅膀，带着孩子体会自由的爱。

其实只要父母调整一下自己的心态，就能自然地做到关爱孩子了。

比如，父母可以对自己多些满意和认可，对自己多些赞许和感激，相信自己在每一个时刻都能为孩子做到最好。这就是一种调整心态的好方式。

03

给孩子创造一个温暖的童年，就是为孩子未来的人生负责。

父母要把注意力放在孩子做得到的事情上，只关注孩子做不到的事情，孩子就容易把事情越做越糟糕，越来越无法让我们满意。

但是，请相信我们的孩子没有问题，我们的孩子一定会比我们这一代要活得好。

不可否认，我们和自己父母那一代相比，我们的生活要好得多。

因此，一代更比一代强，我们的孩子注定会比我们强。也许目前孩子某些方面和我们的期待值相差很远，但是这并不代表孩子没有能力和资格把自己的人生经营好。

我们每个人都有自己的生命活力。

我们每个人生下来，就有自己的活力。

孩子叛逆、胆小并不是孩子本身的问题，而是孩子生命的活力受到了影响。

如果我们父母能够看到孩子的本质，就能真正地支持孩子成长，引领孩子，温暖孩子的心灵世界和童年。

倘若我们看到的一直是孩子身上的不足或者问题，就意味着我们一直在否定孩子的本质。

当我们把太多的注意力放在孩子做不到的事情上面，那种养育孩子的挫败感，比如为什么别人家的孩子那么省心等念头和情绪，就会萦绕在我们心头。

这时候，爱就开始伤人了。

给孩子一个温暖的童年，无论你孩子看起来有多不尽如人意，多让你失望，都要相信孩子，他会有自己的智慧，能过好他的人生。

我们能做的是支持孩子独立，让孩子活出属于他（她）自己的人生，绽放孩子本有的天赋。

因为他（她）是我们的孩子，不是我们的私有财产！他（她）的人生属于他（她）自己。

孩童时代会影响孩子整个人生。大多数时候，我们做父母的，都在竭尽所能，努力地为一个目标不断付出：希望自己的孩子成长得最好，接受最好的教育。

只是，我们辛苦地付出，往往和自己的期盼有些差异。

因为我们的思想、说话方式、行为模式等等，都和我们自己的童年有关，就像我儿子说的那样——很多父母其实都还是一个孩子，所以总觉得搞不定自己的孩子。因为很多父母他们的童年就是不完整的，父母童年不完整自然也会带给自己孩子不完整的童年。

你的孩子真的是破坏大王吗

01

父母对孩子最好的教育，就是教会孩子善良。

孩子并非天生就调皮捣蛋，不让人省心。遗憾的是，我们往往容易错误地看待孩子。父母把孩子某些我们认为不符合常理的行为，看作缺点和问题，久了，孩子就会越来越自暴自弃，产生破坏的念头。

玲姐是个很有魄力的女性，事业做得很成功。她能轻而易举地处理好商场上的突发事件，快速摆平刁蛮的客户。

可遗憾的是，她怎么也摆平不了自己的儿子。在面对自己儿子的时候，

她感觉到特别无力，什么办法都用尽了，却没有什么成效。

她告诉我，她现在对孩子的态度是小心翼翼、有求必应，目的只有一个，让孩子安分点，不要再捅娄子。

我说："孩子不是用来摆平的，用对待客户的方式去对待孩子，显然不合适，毕竟两者的关系本质都不一样。"

"你是不知道我那个儿子，脾气很臭，我们家的保姆阿姨都不知道被他气走了多少个。我常常在忙得焦头烂额时，接到阿姨的投诉电话。我每次一回家，就看见他把自己关在房间里，也不肯和我交流，怪得很。"

虽然我没有见过孩子，但我觉得孩子并非真的如此不堪。我猜孩子这样，肯定和父母平时陪伴孩子时间太少、对孩子鼓励不够有关。

孩子不过是在寻求关注，只是找不到合适的方式和合适的理由。可能孩子觉得气走保姆，是成功把父母从繁忙的工作中拉回家的唯一方式，所以他才会不断地重复做这件事情。我相信孩子的内心，也是感到自责和痛苦的。

我对玲姐说了这番话，她立刻反驳道："你是不了解我儿子。虽然我工作忙，可我也在努力给他创造很多机会啊，比如，我会让他参加各种各样孩子们的旅游，但是常常不到 2 天，老师就打电话让我把他接回来。这次他们又要去一个地方旅游，大概半个月，你就告诉我有什么办法可以让孩子老老实实待上半个月，我被搞怕了。"

我说："很抱歉，我没有办法搞定你的孩子。如果你可以带孩子来见一下我，也许我可以用我的方式开导下孩子。"

"可以，不过老师你真的要当心，我孩子是个破坏大王，到哪里都会破坏那个地方最有价值的物品，冒冒失失的。"

我笑了笑，不做回复，想着，一切等见了孩子再说吧。

02

玲姐带孩子来见我，还没进屋，就听到她不停地对孩子交代："你要给我安分点听到没有，今天就2个小时。你只要保证这2个小时不闹，晚上你想吃什么大餐都行。"

孩子极其不耐烦地说："行了行了知道了，又来这一套。"

"我是为你好知道吗？你到处惹祸，别人会怎么看你？要不是你到处惹事搞破坏，妈妈能这么到处说好话吗？你给我老实点，听到没有。老师你一直不想见他，是我说了很多好话，费了很多心思，你才答应见的，对不对？"

玲姐一边说一边对我使眼色，我可不想演这出苦情戏，就对妈妈说："孩子我带进去了，你可能需要回避一会儿。"

"不行，我不放心，你要当心，他真的超级会搞破坏，你是不知道……"

我打断玲姐的话："没事，我这里也没有什么值钱的东西。"

每个孩子都有自己的自尊，父母当着一个陌生人的面数落孩子时，孩子会觉得很难堪，恨不得赶快逃离。同时也会让孩子本能地想要疏远我，这样我和孩子就无法建立起信任的关系。

我看了孩子一眼，果然，孩子看我的眼神都是不屑一顾的。

进了门，他就吊儿郎当地往椅子上一坐，指着我说："你！去给爷倒一杯水来。"

我看了看他，走到他身边，轻轻拍了拍他的肩膀问："好的，请问爷您是要开水，温开水，还是凉水呢？"

孩子蓦地把腿从桌上放下来，惊讶地看着我。

我说："怎么不说话，我可是等着你的回复，好根据你的需要给你准备哦！"

孩子低下头，玩弄着自己的衣角。过了一会儿，我就听到孩子嘤嘤哭泣的声音。

此刻对待孩子最好的方式，就是陪在他身边，并允许他释放情绪，不需要太多的语言。

"阿姨，我不想喊你老师，想喊你阿姨可以吗？"

我微笑着抚摸孩子的头："可以的，你想怎么喊都可以。那么现在你愿意信任我，和我说说话吗？当然如果你还没有准备好，我愿意一直等着你。"

"其实我是故意这么说的，就是想气气你，然后妈妈没有办法只好把我带走，再忙着去找其他的老师。"

"我知道，你心底并不想气我对吗？"

"嗯，你是第一个，听了我那样说话后，还这么温柔对我的。一般人看到我那样的态度，都会教育我，或者直接责骂我。"

"我很好奇，如果我被你气到了，开始教育你责骂你，那你接着会做什么？"

"哈哈哈，我自有招数，反正不到一会儿，你就会气得给我妈妈打电话，让我妈把我接走。妈妈就不得不陪着我，再重新找老师。"

孩子说话的时候看起来一副很得意的样子，可是我从孩子眼神里看到一丝丝的哀伤和愧疚，我可以感受到孩子本意并非如此，不是真的想要搞破坏。

聊了一会儿，我发现，其实并不是孩子出现了问题，才喜欢破坏捣蛋，而是父母在对待孩子的态度上，太过敷衍。

孩子告诉我："我每次在别人家或者别的地方搞完破坏后，心里其实都很自责。可是只有这样才能让妈妈重视我，当别人打电话向她投诉，她一定会放下手里的工作过来接我。哪怕是被妈妈骂一路，至少妈妈是陪着我的。"

听到这些话，我的心很痛很难过。我们不懂孩子的心，就会错误地看待孩子。

我问："你是从什么时候开始发现用这样的方式，能让你妈妈放下工作来接你？"

"大概 6 岁的时候，我不小心把邻居家的一个东西打碎了。然后邻居打电话向妈妈投诉，妈妈非常生气，很快就赶过来了。虽然我被狠狠教训了一顿，但我发现自己搞了破坏，妈妈就会重视我，在意我。然后我就养成了习惯，控制不住，刹不住车。"

孩子并不是什么破坏大王，之所以会不停地搞破坏惹事，单纯是想获取父母的爱和关注。

倘若我们父母无法洞察孩子的心思，固执地认为：这个孩子就是不乖，除了搞破坏没有什么本事……我们的孩子就会错误看待自己。

03

这个孩子的情况，可以说是很多家庭的一个缩影。

我们很容易忽视孩子行为背后的真正情感需求，只会觉得孩子大了不听父母的，越大越难管。其实不是孩子大了难管教，而是孩子小的时候不断呼求爱，渴望获取关注，却被我们忽视了。

我们往往太在乎生活上的一点细节，容易小题大做，会把孩子很小的行为无限放大，直接认定孩子存在人格缺陷，或是别的什么严重的问题。

待安抚好孩子，我问玲姐："你儿子小时候是不是特别乖巧懂事，长大了才突然变得这么闹腾，喜欢到处搞破坏？"

玲姐愣愣地看着我说："对啊，你怎么知道？"

其实哪有那么多突然，每一个突然背后早已出现过无数小征兆，重点是我们有没有足够的智慧和耐心，愿意停下繁忙的脚步，用心去发现这些征兆。

我把孩子说的心里话简单描述了一遍，玲姐听完后沉默了。许久她告诉我，因为忙着事业，确实对孩子的关心不够，以为给他找最好的阿姨，上最好的学校，买最好的物质就是对孩子表达爱的方式。

玲姐说的话恰恰是家长身上普遍存在的问题，父母只在物质上满足孩子，却不给予孩子应有的关注和爱，这样的家怎么成为孩子心灵的避风港湾？

其实，孩子需要的仅仅是父母的爱。

记得有一次，我搭一个朋友的车回家。

上车前，朋友的孩子很想和妈妈一起坐在副驾驶座，可妈妈带着几分严肃的表情拒绝了孩子。

"不行，你总是喜欢搞破坏，这样会影响司机开车。你和阿姨坐后面，记得不许搞破坏。"随后那位妈妈转过来对我说："麻烦帮我看一下我孩子，他很喜欢搞破坏。"

对于一个孩子来说，真实地表达自己心里的情感和需要很大勇气。

我们可以拒绝孩子，但是我们要让孩子懂得，我们拒绝他并非因为他有什么不足，而是出于更多安全方面的考虑。

然而大多时候，为了让孩子知难而退，我们太过用力了。

在这件事中，孩子其实只是想要获取关注和爱，这和他坐在哪里没有关系，他总会想到办法来获取爱、获取关注、获取认可。

果然，孩子一上车就开始不安分，不过他并没有对我搞破坏，他才懒得对我使坏呢，因为我并非他生命最重要的人，他的父母才是。

于是乎，孩子在后座上蹦下跳，一会儿去拉司机的耳朵，一会儿要去摸方向盘……总之一刻不得安宁。每次妈妈和司机聊得很开心，他绝对会去搞破坏。

妈妈不停地说："你不要搞破坏，这样很危险，懂吗？"

要不是碍于我在，我估计这位妈妈早就开吼了。

被妈妈教训了一番，孩子只好把焦点转向我，开始拉我耳朵、扯我头发、对我大声嚷嚷……

我看了看他，对他说："亲爱的宝贝，其实你不用这样大声嚷嚷、跳来跳去，我都看得到你。同时，哪怕你大声嚷嚷，在车里不停蹦跶也

不妨碍我喜欢你。当然，我更希望你用合适的方式来让我看到你。"

本来孩子张大嘴巴准备再次大声嚷嚷，结果一听到我的话，突然就安静下来了。

我轻轻拉起孩子的手，捧起他的脸蛋，说："宝贝，我看到你了，你愿意让我抱抱你吗？"孩子点点头，像只小绵羊一样躺在我的怀里，一路上特别安静。

前面的妈妈充满疑惑地问我："怎么了，他怎么突然这么安静了。"

我说："因为看见，因为爱。"

孩子真的不是父母所说的破坏大王，他不过是想要关注和爱，可是不会用语言来表达，唯有通过行为来吸引外界的注意力。

别总把孩子喜欢搞破坏挂在嘴边，如果想要孩子停止这种行为，父母就应该给孩子更多的关注和爱，这样才能让孩子健康快乐地长大。

尊重和理解会让孩子更听话

01

常常听到一些父母抱怨：我的孩子怎么说都不听，他经常和我对着干，不让他做的事情非要做，性格很是倔强；他经受不起挫折，遇到困难很容易毛躁，跟他（她）好好说也不听。

其实，孩子再坏的行为，再糟糕的情绪，都不是针对父母的。

养育孩子，方法对了，就不用身心疲倦，烦躁焦虑，父母也不必用发狂、吼叫的方式和孩子相处。

我们对孩子说什么不重要，重要的是孩子听到什么、能否听得明白、是否感觉得到被理解。

让父母抓狂、烦恼、生气的往往是孩子那些鸡毛蒜皮的小事情。

为什么孩子小小的坏习惯坏行为，就能让我们暴跳如雷？

核心只有一个：父母和孩子都有自己不同的需要。

因为父母和孩子的需要不同，所以就产生了不同的立场，从而会有不同的判断。

双方都认为自己是对的，对方是错的，对方就应该听自己的。这样就容易产生冲突，最后亲子之间就闹得鸡飞狗跳。

如何更好地看待孩子和自己的需要，是处理冲突的前提。

怎样让孩子听话，又能让他们知道自己不是被迫妥协，不是迫于父母权威忍让，不是和父母对立？

那就需要双方真正地看见彼此，找到亲子关系中的平衡点。这样父母既可以让孩子按照自己的要求去做，同时又能给予孩子足够的尊重。

所以，父母要从了解孩子开始。父母了解孩子内心的需要，孩子自然就会很听话，也能与父母有更好的合作。

当我们开始真正地了解孩子，就不必再拼尽全力去扭转孩子的所谓问题和缺点。因为这份了解，孩子会愿意主动改变，而不是被动。

有段时间，我儿子莫名其妙把冬天和夏天反着过。冬天就穿那种薄薄的单鞋，夏天就坚持要穿厚厚的跑鞋。

我家里人都说："这孩子有毛病，不知道冷暖。"

真的是孩子不知道冷暖，有毛病吗？

我们先入为主带着评判的眼光看待孩子这种行为，孩子感觉到自己不被接纳，自然就产生了抗拒心，试问，谁喜欢被贴上"有问题"的标签呢？

因此，我们父母说的话，基本上就会被孩子当作耳边风。

如此一来，烦恼就产生了。

02

很多个早晨，我坚持给孩子换上我认为合适的鞋子，但是每次我一转身，他就换上自己想要穿的鞋子。

那个时候，我们母子之间可谓是天天上演亲子大战。可想而知，结果就是孩子不高兴，我也是气呼呼的。

其实不是孩子不知道冷暖，而是大人没有尊重孩子内心真实的感受和情感，用太多的道理来批评孩子做得不对的地方，一直把孩子放在有问题和错误位置。

孩子自然会很倔强地坚持着自己的选择，哪怕是错误的选择。孩子宁可自己身体不舒服，也要和父母"斗争"到底。父母越是不接纳孩子的行为，孩子就越是会固执地坚持这个行为。

同时，作为妈妈，虽然我心里是想要表达对孩子的爱，但说出来的每一个字都生硬冰冷，根本没有真实明确地表达出我对孩子的爱。

后来，在某个冬天早上，孩子又拿起一双单鞋，准备自己穿上。结果回头看到我站在他身后，就一副特别不甘心、不情愿的样子，把鞋子放回鞋架。然后又带着几分嫌弃地拿起另外一双鞋子，狠狠地放到了地上。

那表情，那动作似乎在对我说：行了吧，你满意了吧。

我走过去，蹲下来看着孩子说："我知道相比这双鞋子，你更喜欢刚才那一双，对吗？"

孩子回答："是的，我讨厌这双鞋子。"

我又问："我知道你很想穿刚才那双鞋子，你能告诉我喜欢穿它的原因吗？"

孩子说："因为鞋子颜色我喜欢，还有穿着很轻。冬天衣服穿得多，本来就跑不动，所以我不想脚下太重了。"

"嗯，妈妈明白了。妈妈很欣赏你这份真诚。那你能告诉妈妈，夏天你选择穿这双厚鞋子原因吗？"

"我也喜欢这个厚鞋子，只是冬天穿着很重，夏天衣服穿得少，身体不那么重，我就可以穿这个鞋子了。"

看看，这就是我们的孩子，他们的世界并没有我们想象得那么复杂，

只是我们太喜欢用我们的思维、我们的标准去看待孩子的行为。

只要不符合我们的价值观，我们就认为孩子有问题，不听话。

然而，我们对孩子的爱和理解是不够的，换句话说，我们父母其实很小心眼，喜欢把小事情放大。

了解了孩子冬天穿单鞋、夏天穿厚鞋的原因后，我耐心地对他说："亲爱的宝贝，听到你说的话，我觉得你很勇敢、可爱、细心。只是天气很冷，穿厚点的鞋子可以更保暖，我舍不得也不希望你着凉和生病，因为我非常爱你。"

"我可以忍着，我不怕冷。我不想穿这双厚鞋子。"

"可是相比忍着，我更期待你学会照顾好自己的身体。因此，对不起亲爱的宝贝，我恐怕不能答应你继续穿薄薄的鞋子，我知道拒绝你会让你感觉很委屈和难过。可是，天气真的很冷，假如你穿上很薄的鞋子，你有可能因为脚下太冷，而没有心情和同学去外面愉快地玩耍。当然，如果你坚持选择穿薄鞋子，妈妈也尊重你的选择，这不妨碍我爱你。"

倘若我们能够尊重孩子需要，让孩子感觉到被尊重和接纳，同时给孩子选择的权利，孩子自然也会去思考，感受自己和父母看法不同的地方。

最后，孩子终于向我服了软，说："其实这几天穿薄鞋子，真的好冷，下课都不想出去玩了。只想快点回家换上我的卡通棉鞋。"

我现在终于知道为什么孩子每次放学都不停地催快点快点。我问他是不是作业很多，这么急着回家干吗？孩子就是不说。

我想孩子不说的理由很简单：不想因为自己错误的决定，惹来我的嘲讽，更害怕我知道原因后，会对他讲一连串的大道理。

我附和他的话说："是的，我知道，这种感受真的太煎熬了，感觉一天的时间特别漫长。"

孩子说："就是啊，感觉浪费好多美好的课间时光。我决定还是穿厚鞋子。"

我听了非常高兴，连声称赞："孩子，我很欣赏你选择爱护自己的

身体，选择对自己保暖的鞋子。这是很好的选择，我为你这份对自己身体的爱而感动。"

就这样，孩子再也没有反着季节穿鞋子，也没有再和我起冲突。

通过这次事件，孩子也体会到如何为自己的选择负责。

所以带着爱和接纳，我们就更容易走进孩子的世界，了解孩子。

03

很多父母说，孩子上了小学后，一些不好的行为习惯如同雨后春笋，一个又一个冒出来。

比如，磨蹭，不懂是非对错，分不清轻重缓急，喜欢"说谎"，情绪容易变化无常，缺乏自信……

孩子到底怎么了，是不是长大了叛逆了？

说实话，不是孩子变得不一样了，也不是因为上了小学才有这些反常的行为。只是我们的关注点发生了改变，我们对孩子的期待发生了转变。

在孩子幼儿园阶段，我们的关注点是孩子今天在幼儿园吃了什么啊，中午睡午觉没有，今天学了什么新儿歌……都是孩子日常生活的范围。

但是当孩子步入小学，我们的需要、焦虑、担心和恐惧逐渐增长，我们很想努力做个称职的父母，让孩子少走弯路，所以我们自然会用更高的标杆要求孩子。

本来孩子进入小学这个新的小社会，就会有许多复杂的情感。因为他们在幼儿园的随性自在都一去不复返，所以需要一个心理缓冲的过程。

在孩子心里，父母是最值得信赖的人，也是可以保护自己的人，因此会毫无保留把自己好与不好，全部呈现给我们。他们其实是希望父母可以给他（她）力量、勇气和希望。

所以我们要关注孩子的内在感受，与孩子共苦乐，用爱引领孩子前行。

孩子需要更多成长空间，需要父母更多的耐心和关注。孩子的成长

也是一个学习的过程。他（她）只是在不断地尝试新的方法，然后从中找到最好的一个而已。

孩子并非如同我们想象中的那么笨，那么不懂得是非对错、轻重缓急。反而是我们带着一份担心的爱，不自觉地限制了孩子自我成长，自我价值的提升。

孩子做得慢时我们家长会忍不住介入，即使孩子不断表达"我自己来，我自己来"我们也没有听。

当我们介入，其实无形之中就阻碍了孩子的成长。

时间长了，孩子就会认为这些都是我们父母的事情，自己不用担心；不担心上学迟到，有妈妈呢；不担心作业有没有抄写好，妈妈肯定会帮我去问的……

孩子磨蹭有很多外在因素，但内在因素却只有一个，那就是孩子内心渴望被肯定和认可。

每个孩子都已经很努力地去做到最好了，只是没有达到我们大人的标准，我们就这样不问缘由地给孩子贴上一个标签：你怎么这么磨蹭？

这时，孩子就会感觉自己什么也做不好，自己很糟糕。这就相当于我们间接扼杀了孩子积极探索，求上的原始动力。

因此，父母应该多去看孩子当下能做到的，继而去肯定孩子，让孩子感觉努力了坚持了就是最好的结果。

04

父母还要学会去欣赏孩子所会的和他表现出来的小小成就，这会让孩子对成长的每一步感到惊喜。

其实，爱撒谎的孩子也不是本性就爱撒谎。孩子有说谎的行为，通常是因为曾经说真话带来不好的感受，被父母严厉批评教训过，孩子由于害怕想要逃避惩罚因此不敢再对父母说真话。

　　记得我八岁的时候，有一次端着饭准备去和小伙伴一起吃。结果没走几步"哐当"一声，碗被我不小心摔碎了。我看着还没来得及吃上一口的饭菜，既心疼又难过。

　　随后，我"噔噔噔"折回家对父母说："我把碗摔了，饭和菜都来不及吃，全部洒了。"

　　想到这里，我忍不住笑了，笑自己当年的天真无邪，笑自己当年的诚实勇敢。

　　我这样诚实地讲出这件事，其实是因为内心很渴望得到父母的安慰，我想要父母理解我对来不及吃上的饭菜有所不舍，也希望父母夸夸我敢于承认自己错误。

　　哪知，我等来的却是父母的一番责备。

　　他们呵斥我，然后开始长篇大论讲无数个道理。本来只是一个小小的摔碎碗这样的行为，最后被他们放大到我是个毛躁的，做事不稳重的孩子……

　　对于一个孩子来说，他（她）的一生最重要的是身份认同，这份认同决定了孩子内在的信念系统，这些信念系统会影响孩子的能力、行为、自我价值。

　　自我价值是孩子最高、最重要的生命本质，而父母是孩子最信任，最爱的人，孩子自然会渴望从父母那里得到爱和认可。

　　可是当孩子因为曾经某个错误而有过不好的感受，孩子就会很害怕再次犯这样错误，自会小心翼翼。然而越是担心，越是容易创造类似的经历。

　　后来有一次，父母急着要去上班，让我把家里碗洗了。

　　自从有了一次摔碎碗的经历，我就特别害怕会摔碎碗，越是害怕什么越是来什么。在洗碗的时候，我不小心手滑，一只碗从我手里滑落到地板上，一声清脆的响声之后，碗碎了。

　　那一刻我整个人好像被施了魔法，呆若木鸡。

等我缓过神，我心里在想：怎么办？如何和父母交代，要不直接说我洗碗把碗摔了？不行，不能让他们知道，我会被骂的。

然后我拿着一堆碎碗渣，在家里急得团团转。最后怀着无比忐忑的心情，像做贼一样把碎碗渣扔到垃圾桶。

最后，父母问起碗的事情，我说："不知道啊，我明明洗好放在这里啊。"其实说这话的时候我心在颤抖，大概这就是所谓做贼心虚吧。

因此，父母应该学会先关注人再关注事。

对于孩子来说，他们的世界其实无比简单。最开始，孩子毫无保留地把最真实的自己向我们敞开。

但是让孩子收起这份信任的却是我们父母，当我们能够看懂孩子行为背后的真正情感时，孩子自然不会用掩盖自己的错误、撒谎等方式面对我们，并且也能从错误的事情中学会为自己的行为负责。

同时，做父母不要给孩子设置陷阱式的问话，比如"你今天在学校有没有被老师批评？"

当我们这样问孩子，孩子就知道：麻烦来了！他们就会开始思考该如何说才可以避免一场暴风雨。

久了，孩子就会形成一种本能的自我保护：说谎。

父母要表达对孩子的同理心，让孩子知道父母是爱他的，当孩子犯错时，父母应该告诉孩子，错了，可以改，不用害怕。这样孩子就会从说谎中脱离出来。

当孩子感受到来自父母的爱；感受到父母的信任和支持；感受到父母是正视自己的感受、情绪的，孩子也会懂得重视他人的感受、情绪和想法。

了解孩子，看懂孩子，亲子沟通才能更轻松。

其实让孩子爱上学习很简单

01

网络上曾经用"不谈学习母慈子孝，一谈学习鸡飞狗跳"这种话来调侃妈妈陪孩子写作业这件事，网友甚至夸张地说，妈妈陪孩子写作业会被气到心肌梗塞。其实孩子写错不要紧，最大的问题是，孩子对学习一点儿也不上心，一谈学习浑身都是病。

作业拖拉，字迹潦草，作业抄得不完整，注意力不集中……只要涉及孩子学习，就会出现一堆数也数不清的问题。

有时，真想做个民主的妈妈，孩子快乐我开心，多好。然而参加同学聚会又或者逢年过节出来聚餐，亲朋好友挂嘴上的都是关乎孩子：你孩子成绩如何？在哪所学校就读……我瞬间就无法淡定了。

孩子成绩优秀，父母谈起来自然也神采飞扬；孩子成绩不如意，谈话间父母就会显得少了几分气场。

其实，学习成绩不好，最难过的是我们的孩子。谁都不愿意被人当作差生来看待，每个孩子都渴望变得更好、更优秀。

每次当我说出这样的话，大多数父母就会把头摇得像个拨浪鼓。

"不是不是，我孩子对待学习的态度存在很大问题，学习习惯也不好，如果他（她）真的想改变，那就努力啊，可根本看不到孩子的努力！"

并非孩子没有努力，只是孩子的努力我们没有看到而已。

很多父母强烈希望自己的孩子是"爱学习的好孩子"，容易产生从众心理，这样就会逼得孩子无视自己心里的想法，被迫做出选择。

因为不是孩子主动想要去改变，所以孩子就很难坚持下去，久了也会对自己产生很多负面评价。当孩子处于这样的情绪状态，他就会给自己找麻烦，甚至在心理上跟自己过不去。

两年前我接到一个小男孩的电话，电话一接通孩子就火急火燎地说：

"阿姨，我是从同学那里知道你的，大家都说你很厉害。我纠结了很久，才鼓起勇气给你打电话，我现在很痛苦，很讨厌自己，我觉得自己心理有问题。还有我今年十二岁了，不是小孩了，我可以付得起费用，请你不要拒绝我好不好？"

短短几句话，我可以感受孩子是想了很久才说出来的，他很想把自己的需要一次性表达清楚，以至于说话的时候，都不带停顿和喘气的。

我问："你找我，父母知道吗？"

"不知道。"

"我可以答应你的请求……"

我还没有说完，孩子就激动地说："太好了，我有救了。"

我隐隐感觉到电话那端的孩子在哭泣，我不清楚孩子经历了什么，可从这句"我有救了"可以听出，孩子内心有多大的痛苦。但是他懂得给自己找寻出路，了解自己的状态，想要给自己换个心情。说实话，很多成年人都做不到。

"孩子，阿姨会遵守承诺，答应你的请求。不过，我需要在见你之前，先见见你的父母。这是对你的尊敬，你有资格让父母了解你、懂你和爱你。"

"我……我怕妈妈不理解。"

"你相信我吗？我可以保证，我和你父母见完面，他们不会把你怎样，你是安全的。"

"我相信，所以才给你打电话。"

"谢谢你亲爱的宝贝，那么你可以告诉我，你爸爸或者妈妈的联系方式吗？"

后来，孩子把他妈妈的电话给了我，我与他妈妈通完电话，就约了见面时间。

02

一开始，孩子妈妈听说自己孩子内心很痛苦，想找心理咨询，很是惊讶，因为她觉得孩子没有表现出有这样需要的样子啊。

我问："你如何看待你的孩子？"

妈妈说："这孩子很令我头疼，每次都说好好学习，却不见他有什么行动。遇到挫折就哭着说想要放弃，课堂上还老是被老师点名批评，说作业错的比例太高。我们给他请了最好的家教，可这孩子一上课就说瞌睡、头疼、肚子疼。老师你别相信他，这孩子很有心机。"

听到这里，我大概可以猜出孩子想要找我聊什么。

我对她说："不管孩子出于什么原因想要找我，都值得引起我们的重视。请暂时放下对孩子的批判，一切等我们见面再说。"

没有哪个孩子愿意让自己颓废，也不会真的是想要放弃自己，那些最后放弃自己、放弃学习的孩子，其实是努力了，但没有被看到。

父母在养育孩子的过程中，不要只在乎结果和对错，因为对错往往是相对的。对于孩子来说，更期待父母看着自己所做到的。

孩子和妈妈来到我这里，拉着我的手说："老师，我不想妈妈一起进去可以吗？"

于是，我就让他妈妈在外面等着，先把孩子带了进去。

我们还没有坐稳，孩子就哭了起来。他一边哭一边说："同学说了，在你这里可以随便哭，是不是？"

多么天真可爱的孩子，他想要的仅仅是随意哭泣的权利。

然后，孩子掏出自己的作业本对我说："老师，你看我的作业，都是错的。我很想学好，可是不知道为什么只要一写作业，耳朵就嗡嗡作响，根本静不下来。"

看着孩子委屈而焦急的表情，我很心疼。

"你喜欢学习吗？"

"不知道，很矛盾。"

"那你想让自己爱上学习吗？"

"想啊，可是会不会很难？"

我拿过孩子的作业，仔细看了看，对他说："孩子，我看你这道题，还有这里都做对了，数了数，你一共有 8 题做对了，真是太厉害了！我很好奇你是如何做到的？"

孩子立马兴奋地从椅子上站起来说："我有很用心地在思考啊，然后如果感觉耳朵嗡嗡作响，我就把它当作美妙的音乐。"

"孩子，你太有智慧了，能够用这种方式转换心底的杂音是很不容易的。也许换作我，都不一定有你这样的智慧。"

孩子羞涩地笑了笑。

我又问："你能告诉我，你的妈妈在你心里是什么样子的吗？"

"妈妈老是说我，我一写作业，她就坐在我旁边说我这里没有写好，那里没有写对，说我应该多向我的同学学习，然后我就越来越不想写作业了。"

我猜，孩子所听到的嗡嗡声，其实是因为每次他一写作业，妈妈就在旁边唠叨，时间久了，就会给孩子造成心理阴影，每次孩子一写作业，就会不由自主地想起妈妈的唠叨声。

03

初为人母时，我们都很容易捕捉到孩子的闪光点，能毫不吝啬地给出夸奖和赞许。当孩子开始牙牙学语时，唯有父母能够懂得孩子在说什么，我们不会批评孩子哪个词说得不好，哪句话没有说对，只关注：孩子开口学说话了，这真的是一种极大的进步。

那么，是从什么时候开始，我们不再用欣赏的目光去看孩子？

当孩子摆积木失败了；当孩子学穿鞋子时，总是左右不分；当孩子开始学算数，错了一道题的时候；当孩子记不住拼音，考试成绩不理想……

也许我们的欣赏能力，就是在这样的情况下一点点被消耗光的。

只因我们期望过高，所以忽视了孩子背后的付出和努力。

父母应该多去关注孩子做到的，多鼓励和赞美孩子，让孩子对学习产生信心。

这个孩子和妈妈做完家庭教育咨询后，这位妈妈就开始改变自己，让自己关注孩子的付出和努力。不到半年，孩子就从所谓的学渣，变成了孩子们所仰慕的学霸；从考试不及格到经常满分。

这就是鼓励的力量，父母需要经常赞美孩子做事情的过程，不对事情的结果做出不好的评价。

虽然好孩子是夸出来的，但夸奖也需要适当。

有的父母可能会想，我们经常会夸奖孩子啊，什么"你真棒""你真聪明""今天作业写得真好"这样的夸奖也没少对孩子说，为什么孩子依然看不到进步？是不是孩子表扬听多了，就越来越不在乎了？

其实，并不是表扬听多了，孩子不在乎了，而是我们的赞美并不真诚。

真诚的赞美，包含细节，是父母发自内心对孩子的欣赏。

父母的赞美如果是出于某种目的，孩子就会对赞美有抵触，所以赞美一定要发自内心。看不到孩子身上的优秀品质，那么家长就需要反思了。

想让孩子爱上学习，父母首先就要热爱学习。

父母的学习，不仅仅局限于工作范畴内需要提升的专业知识。父母还可以和孩子一起读经典名著，又或者自己每天看书看半个小时。当孩子看到了榜样，他们就会受到父母的良好影响，也变得热爱学习起来。

总之，让孩子爱上学习，其实并不难，只要父母多多欣赏孩子，鼓励孩子，并且以身作则，孩子自然不会再对学习感到厌烦。

有些路要让孩子学会自己走

01

人生的路是漫长的，我们不能如影随形陪伴在孩子的左右。

有些路，需要孩子学会自己去走。父母可以做的是信任自己的孩子，放手让孩子去走属于自己的人生道路。

有的父母会担心孩子受挫折，但是孩子越是经历一些挫折，越是变得更加坚强和勇敢。

记得我小时候，父母对我说最多的一句话就是："我吃过的盐比你吃过的米还要多，你一定要听我的，不然你会走弯路的。"

然后无论我做什么事情，父母都会对我交代各种注意事项。其实被父母这么唠叨，我心里是很烦躁的。

由于我自己没做过决定，因此，选什么专业、找什么伴侣，我都很没有主见。

即使是在对待自己喜欢的事情时，我也不敢轻易去做决定。我有很多担心和恐惧，以致于事情还没有开始，我就被自己的胡思乱想击退了。

最令我印象深刻的是，我毕业想和同学一起去深圳找工作，结果全家总动员，为我应不应该去深圳而开家庭会议。大家都说什么一个女孩子出远门不安全、大城市骗子多、我太单纯，万一被拐卖到山沟沟怎么办？

本来，我票都买好了，但是因为家里长辈的这些话，我带着几分恐惧和疑惑，还有不甘心，把票给退了。

父母觉得，不听老人言吃亏在眼前，于是他们为了不让我吃亏，就为我安排好了所有的路，替我做了所有的决定。他们认为，这样我就可以少走弯路。

遗憾的是，父母这样做，导致我生性自卑，总是杞人忧天，每晚被恶梦和恐惧所包围。我从来不知道自己要什么，也不懂拒绝。最后我走的弯路、经历的挫折反而比其他同学要多。

最后真正让我成长的，反而是这些挫折。

当我辞掉不错的工作，换了一份职业；尝试过失败的滋味；体验过被人坑骗的感觉，我才更加懂得分辨何谓真假。

当我决定告别婚姻、经历过痛苦，我才有机会重新学习，重新看待自己的人生。最后才明白在婚姻关系中，活出灿烂的自己、爱自己有多重要。

当我选择独立抚养孩子，没有听从长辈们的建议，我才有机会真正了解父母在孩子成长过程中，所给予的爱和陪伴有多重要。

这一切的一切，都不是父母告诉我的，而是我自己独立起来之后领会的，我学会为自己的生命承担更多的责任。

有些路，当我自己走过，就会悟到一些道理，这其实比父母用嘴告诉我的经验，还要宝贵。因为听过的我总是会忘记，唯有自己亲身体验过，才会牢牢记住，才会成为自己生命中最宝贵的真理和礼物。

02

在孩子成长过程中，有很多事情是需要他独立去完成，有些路必须要让孩子自己去选择。如果父母因为过分担心，从而帮孩子安排好一切，那么孩子就会失去自我探索的机会。

我们不可能陪孩子读书、陪孩子工作、陪孩子经营婚姻生活，那样不是孩子的人生。父母唯有在该爱的时候爱，在该陪伴的时候好好陪伴，在该放手的时候放手，孩子才更懂得珍惜，并且更加的自信。

当我成为母亲后，并不会把自己曾经的经历当作经验道理去传授给孩子，而是以分享故事的形式，讲给孩子听。我向孩子分享我的感受和我的决定，告诉他我所学习到的生命真理。

并非让孩子接受父母的人生体验就是最好的，每一代所遇到的环境

都不一样，因此很多时候，我都让我的孩子自己做选择，孩子不但没有走弯路，还很有主见、懂得分寸、懂得取舍、会分辨好坏。

有一次，我在小区散步，听到一个奶奶向其他妈妈分享自己教育儿子的成功经验。

奶奶说："小孩子什么也不懂，根本不知道什么是对的，什么应该做什么不应该做。因此，要让孩子按照你的安排走，这样他才不会走弯路。我的儿子就是这样教育的，所以，从他读书、工作到结婚，一路都非常顺利。"

听到这里，我想起曾经听过的，一个真实的故事。

一个男人，在他四十岁的时候，突然放弃令人羡慕的稳定工作，背起行囊加入北漂的队伍，留给自己妻子和父母的只有短短几句话："再这么活下去，我感觉自己生命毫无意义。我觉得自己早就死掉了，现在我想重新活一次。"

我们以为帮孩子安排好一切，就能让孩子少走弯路，最后孩子到了中年，突然发现自己找不到人生的意义。

这时，一个5岁的小男孩跑过来问："奶奶，我能喝水吗？"

奶奶很严厉地说："喝水也问奶奶，怎么这么没用！"

看着小男孩一脸无辜和紧张的表情，我大概可以猜出，如果要是有机会问这位老奶奶的儿子，她儿子一定有很多的苦水和委屈。

有些路，需要孩子自己去走，即使孩子在路途中会遇到挫折和失败，那也是孩子成长路上必须经历的过程。

当我们帮孩子安排好每一步，孩子就会变得小心翼翼，整天活在恐惧和担心中。

当然不是说父母应该完全不去顾及孩子，做父母，需要懂得什么时候应该去干预孩子的路，什么时候应该放手让孩子自己走。

当你觉察到孩子这样选择，会有危险的情况下，你需要去干预。

但是在完全没有风险的情况下，你表现出过度的警惕，把没有危险想象成危险，然后多次控制和干预，这就不应该。

有些路，需要孩子自己去走。孩子的世界，应该让孩子自己去创造，让孩子做自己生命的主人，孩子才能更好地绽放自己。

孩子，你的生命值得更高配

（谨以此文，送给每一个孩子！愿你们的世界充满奇迹，愿你们在老天的眷顾下，活出最好的自己。你们值得拥有幸福，生命值得更高配。）

我亲爱的孩子们

你们的生命值得更高配

请相信，如果事与愿违

那不过是你的生命走向更高纬度的开端

所谓的幸福，不是长生不老

不是锦衣玉食，不是一帆风顺

是我们不断成长，历经风霜

经历挫折和岁月的洗礼

打磨出更加通透尊贵的灵魂

也许会一次次跌入深渊

一次次饱尝痛苦和无助

但这并不代表，我们可以放弃自己的生命

不代表我们要妥协，对自己的生命打折

请你相信，当你重新站起来

骄傲地告诉自己，我就是值得拥有

值得拥有幸福，值得拥有爱

一定会有一份大大的礼物来到你面前

仅仅因为你的灵魂从来都是尊贵的
亲爱的孩子，当品尝过悲伤的滋味
饱尝痛苦的感觉，记得
给自己尊贵的生命配上更多高配
请相信，那些所有悲伤与苦难，都不会白受

我亲爱的孩子们
你们的生命值得更高配
请好好地爱自己
爱自己是你此生最宝贵的事情
成就自己比什么都重要
你值得拥有高配的人生
所谓的高配，是活出你灵魂最大尊贵
任何时候，不放弃推开希望之窗
不停下追寻生命真理的脚步
每个人都是自己生命的主人
对自己生命所发生的一切负全责
就是让自己找到源头力量最好的方式
我希望你们尽己所能
同时也给自己更多的耐心
去思索人生和未来
去感受这个世界的奇妙
去创造未来
请相信，只要你愿意
你自己一定可以创造幸福快乐
美好的未来
因为你值得拥有幸福

我亲爱的孩子们
你们的生命值得更高配
你们喜欢，比什么都重要
去听听你心灵深处渴望的声音
请相信你灵魂深处的渴望
这个世界听得见，一直听着
倘若过去的岁月让你失望，迷茫
请相信，当你准备好了
你一定可以创造更美好的世界
因为这些所有的经历
只是唤醒你灵魂最本质的光明
也许当下所有的一切不那么如意
允许自己生命所有经验的发生
允许自己就是做不到一切与完美
你内在的勇气和力量，比你想象要大很多
打开这道源头力量的源泉
让自己醒来，从悲伤中醒来
与自己生命最深处的智慧、欢喜相遇
从醒来中生发现清明智慧
与生命里最深处的欢喜相遇
走上通往灵魂的回家路

我亲爱的孩子们
你们的生命值得更高配
你的梦想，只要是你真心渴望的
那就豁出去吧，为自己梦想前行

你值得，你值得拥有更多的世界和天空

请相信，梦想的路上你不孤单

会有更多明灯照亮你的世界

你的爱情，不凑合不将就

因为你值得拥有幸福

你无需拯救任何人

也不需要任何人怜悯

当你真正遇见自己，爱自己

一切美好的善缘自会围绕你

你内心的平淡宁静，从容与淡定

你灵魂独特的气质

会有一个最好的爱与你相遇

希望亲爱的孩子，能活出真实的自己

活出自己生命的高贵

活出自己的幸福

活出自己此生最大的丰盛

让自己灵魂闪烁灿烂的光芒

因为，你的人生值得高配

第二章

孩子，其实你能安心做自己

这样做才可以给孩子安全感

01

安全感是一种内在的感觉，是一种稳定感，是一种对未来充满勇气和希望的感觉。具体表现为，人对这个世界、对自己、对身边的人充满更多爱与信任。因此，孩子在成长过程中是否能建立安全感，会直接影响孩子这一生的幸福。

有安全感的孩子，会比较乐观自信、性情温和、情绪稳定、独立、能与他人友好相处，也更容易感受到幸福和快乐；当孩子安全感不够或者缺失，容易自卑、胆小、羞怯、敏感、多疑、情绪不稳定、遇到事情容易陷入迷茫和焦虑……

有安全感的孩子，对父母、他人、自己，甚至对这个世界会更容易给出信任。孩子在成长的过程中，如果父母能够给孩子稳定的陪伴和温暖的爱，孩子会建立起极高的安全感，从而获得更多的自信。

我小时候，因为没有建立起足够的安全感，所以在对待爱情、工作等方面，总是患得患失。同时，为了不让自己面对被抛弃的痛苦，一般情况下，无论是工作关系，还是伴侣关系，我一定会自己先离开，不给对方一丝挽回的机会。

如何爱孩子，是可以选择的，这份爱将会带给孩子一份满满的安全感。同时，每个孩子的性格不同，当我们能够真正地去了解自己的孩子、懂自己的孩子，自然就会懂得如何爱自己的孩子，如何给自己孩子建立内在的安全感。

有个来访者说自己 1 岁半的女儿，情绪很不稳定，有的时候上班都心神不宁，很害怕电话响起。因为电话响起，就代表着是家里的老人实

在搞不定孩子了，弄得她神经兮兮的。有时下班回家，听到孩子的声音都哭哑了，就特别心疼。

然后到了晚上，女儿还非要睡在他们中间。而且女儿睡觉特别不踏实，不停地翻来覆去，很容易做噩梦。有的时候爸爸等她睡着了，会去客房，但孩子一摸床边，发现没有爸爸，就会立马坐起来，哭得特别凶。

"一岁前她还挺安分的，现在特别认生。不管带她去哪里，她都把我的脖子搂得紧紧的，不愿意自己下地走路。我和先生可以说又心疼又恼火。因为孩子睡眠不好，我们跑遍所有医院，做了很多检查，都没有问题。唉，也不知道孩子这是怎么了？"

听完，我语重心长地告诉对方："我可以负责任地说，孩子没有问题。倘若真的要说问题，也许你们需要好好审视你们的夫妻关系。最近一段时间，你们有没有当着孩子的面发生过冲突？"

对方低头沉默了许久，继而发出一声深厚而绵长的叹息："唉，本来我们协商好准备离婚的，可是孩子现在这样，我们只能把离婚的事情暂时放在一边了，想等孩子好了，再去办手续。"

"坦白说，孩子是否能好起来，主要取决于你们是否能和平地处理离婚这件事。"

"我们商量过，在孩子面前一定不发生冲突，要吵架要么等孩子睡了，要么到外面去吵。在家我们还是给孩子创造温馨、轻松的氛围。"

我们常常以为不说就等于孩子不知道，企图在孩子这里蒙混过关。但是事实上，孩子没有那么好骗，父母与孩子朝夕相处，父母之间的婚姻关系出现了问题，孩子一下子就能感觉得到。

02

这让我想起曾经一个家庭来我这里做咨询的情况，母亲说自己正在读高中的孩子，在临近高考前，不小心发现自己父母已经离婚快十年了，问我该怎么办。

其实我想说，哪里有那么多"不小心"，孩子肯定早就知道了。果不其然，当我和孩子单独做咨询时，孩子就跟我说："其实我感觉他们很假，爸爸只有每个周末会回来，虽然他们看起来很恩爱，但我总感觉很别扭。"

他们以为这样可以带给孩子一份安宁，可惜假的幸福对孩子来说是更大的伤害，当我去和这个孩子父母询问他们为什么要这样做时，他们说因为孩子自卑、敏感、胆小……为了不让孩子变得更封闭，他们才想瞒着孩子。

这个理由，并不合理。孩子的自卑和胆小，并不是我们假装恩爱就可以化解的。反而可能会让孩子产生很大的负罪感。因为孩子会觉得父母不幸福不快乐，那么自己也没有资格获得幸福和快乐。

我问来访者："从准备离婚到决定离婚这个过程，你们总共用了多长时间？"

"快半年吧，最开始经常吵得不欢而散，我们最大的冲突是如果我们离婚了，孩子跟谁过？我和她爸爸彼此都觉得跟着自己是最好的，自己才是最爱孩子的人。最后真的是吵累了，才决定每人带一个星期。"

对孩子来说，他们给爸爸妈妈的爱是一样多的，这位家长还好没有让孩子自己选择跟谁，不然会造成孩子多大的心理创伤，我们都不得而知。

然而，父母在讨论孩子该和谁过的过程中，孩子已经能隐约感受到分离的痛苦和无奈。

为了不让爸爸妈妈离婚，又或者是为了不让自己失去被疼爱的机会，孩子会想方设法转移父母的注意力，让父母没有多余的时间和空间去吵架，去谈离婚这件事情。

听了我的解释后，家长问："请告诉我，有什么好的办法。"

"你们一定要离婚吗？"

"嗯，我们彼此的价值观和生活习惯实在有太多冲突的地方了，这样下去彼此都很累。怕等孩子长大，会对她造成更大的影响。所以想趁

孩子小、不懂事的时候办理离婚，这样减少对孩子的伤害。"

伤害的大小和孩子的年龄大小无关，孩子小不代表她不懂，同时孩子也有权利知道事情真相，我们不需要孩子去理解我们的决定和行为，但我们需要照顾孩子的情绪。

"很简单，从今天起持续一个月，你和你先生每天回家先抱抱孩子，对她说，爸爸（妈妈）爱你，现在爸爸和妈妈之间，有一些冲突，但这和你没有关系，是我们自己的事情，请让我们自己处理这件事，无论未来发生什么，你永远都是爸爸（妈妈）最爱的宝贝。然后每天睡前给孩子一个吻，彼此都对孩子说我爱你。"

"就这样可以了吗？孩子那么小，会不会听不懂？"

"请相信孩子听得懂。同时，你们两个需要各自找到自己喜欢的兴趣爱好，专注于可以带来快乐、满足和幸福的事情。"

大概一个星期后，这位家长告诉我，孩子慢慢地变得开朗了很多，睡眠不好的问题也得到了改善。

一个月后，这位家长又突然告诉我，他们决定不离婚了。因为彼此都有属于自己的空间，找到了快乐，很少再去关注对方的缺点，也不会再把幸福和快乐建立在要求对方如何的基础之上。

03

童年的安全感，是引领孩子走向幸福未来的宝藏！

倘若想让你孩子真正地感到幸福和快乐，父母就要先成为那个快乐的人，彼此恩爱，相互支持，给孩子创造一个温暖的环境。即使决定离婚，父母也不能把"选择跟随哪一方"这个难题抛给孩子。

很多父母离婚后，会因为抚养权的归属问题产生分歧，如果真的为孩子考虑，那么最终获得抚养权的一方，绝对不能阻止另外一方看孩子。因为孩子有资格获得来自父母双方的爱！

一个孩子的安全感越充足，他（她）就越会充满自信和力量。

刚来到这个世界上，我们每个人的安全感，就已经开始建立了。年龄越小，越需要安全感。而孩子的安全感，来源于我们父母，父母对待孩子的态度，以及父母彼此的相处情况，会对孩子产生巨大影响。

一天下午，我正悠闲地享受着春日阳光，突然一阵急促的敲门声打破了我的思绪。

开门一看，门外站着一个满脸泪水的女人。我本以为她是遇到了情感上的障碍，哪知道是因为孩子。

"我快被我的孩子弄崩溃了。最近半年，孩子到了晚上就会在梦里惊醒，哭得撕心裂肺，怎么也哄不好，还会在深夜从床上跳起来，非要开门出去。幼儿园老师向我反映，孩子的情绪特别焦虑不安，有时去和其他班级一起做活动，孩子都表现得很紧张很抗拒。"

"最近半年，你们家有没有发生过什么事？"

"没有发生什么事情啊，我们十个月前刚搬新家，刚开始搬过来孩子适应得挺好的，有的时候，我们还会带孩子去原来的小区玩，可不知道为什么，突然之间孩子就变成这样了。"

"那你们有没有对孩子说过'你不听话就不要你了''不听话大灰狼就会把你吃掉'这种话？"

"说过，因为孩子有时候会在半夜哭闹着要回原来的小区，我们就告诉孩子，这里才是他的家，但孩子喊着说不是不是。我们失去耐心就会用这些话吓他，这样孩子比较容易听话。"

如果我们为了让孩子听话，就用抛弃来要挟孩子，那么孩子会对父母产生很大的怀疑。

因为孩子还没有能力分辨出父母所说的话，哪些是真，哪些是假，那么孩子很有可能就会把父母的"恐吓"当成真话，从而感觉自己的生存受到了威胁。

有些敏感的孩子还可能会因此长期处于焦虑的状态中，然后孩子就

会花费很多时间和精力，去证明父母是否爱自己，好确认自己是否安全。

我继续问："搬新家这件事情，有对孩子做一个交代吗？"

对方回答："不用特地告诉他吧？孩子那么小，她又听不懂。我们只告诉孩子新家多么漂亮。"

我们常常以为孩子小，家里有变动无需告诉孩子，其实对于孩子来说，最大的不安并不是搬新家，而是害怕失去玩伴、失去熟悉的环境。

04

无论孩子多大，父母都应该给孩子一个交代。

比如搬家前对孩子说："宝贝，我们要搬新家了，你是家里很重要的一员，所以你有权利知道。"

甚至可以在搬家前，给孩子和其他小伙伴搞一个欢送会，让孩子知道，倘若自己想念小伙伴，可以做点什么。

同时，父母需要告诉孩子，搬家并不代表失去以前的朋友，只是大家在一起玩的时间没变少了。

对于孩子来说，搬家这件事情，意味着要失去很多很多，这种失去玩伴的滋味，并不比我们成年人失恋、失去亲人的痛楚要少。

新家再怎么漂亮，在孩子心里，这都是一个陌生的环境。

其实，在孩子成长过程中，父母能做的并不多，唯一能做的就是，在孩子面对悲伤、不安、难过时，默默陪伴孩子那颗受伤的心。

父母应该对孩子反常的情绪多一分接纳，而不是戴着看问题的有色眼镜去看孩子。这样家长难免会冲孩子发脾气。

同时，父母需要处理好自己的情绪，对自己的感受负责。当父母能够用更好的方式处理自己的情绪，自然可以更好地呵护孩子的心灵。

允许孩子真实地表达自己，孩子才会有足够的安全感来面对眼前的困难。安全感足够了，孩子对自己的信任也会提升。孩子也会变得更勇敢，更有力量去面对挑战。

无论孩子是遇到开心的事情还是难过的事情，心里第一个想到的都是去告诉父母。因此，父母要让孩子建立起一份信任，当这份信任被破坏，想要再修复，过程就会很艰辛。

不管你的孩子是什么样的性格，都请在孩子心田种下信任的种子、浇灌爱。这份信任会在孩子心田发芽、开花、成长。

你的孩子为什么会感到焦虑

01

"我的孩子，不知道为什么，总是很焦虑。积木还没有开始堆，就嚷嚷着自己堆不好要我陪他；穿鞋子也总是一副焦急的样子，越急越绑不好；明明学校里根本没人欺负他，他却总是担心自己被人欺负。我该怎么办，才能让孩子不要这么焦虑？"

我从来访者口中获悉，她的孩子，最近一年都是这样的状态，特别焦虑，情绪也显得特别脆弱。她什么方法都试了，一点用的没有，孩子反而越来越焦虑了。

我问："你焦虑吗？"

"我以前不焦虑，现在因为孩子焦虑，我也跟着变得焦虑了。"

这是父母的一个错误认知，并非是因为孩子焦虑，我们才焦虑的。而是我们本身有焦虑，从而影响到孩子，孩子受我们的影响，才变得焦虑。

于是我问："听你说，你为了处理孩子的焦虑情绪，试过很多方法，能说说都用了哪些方法吗？"

"最开始哄，告诉孩子不要焦虑，可我越说，孩子越焦虑。我气急了就会吼，吼完之后，孩子会消停一小段时间，但是很快就会反弹，而

且一次比一次焦虑。"

我们以为自己用了很多方法，但是归根到底，其实只用了一个方法，那就是不允许孩子有焦虑。父母都认为孩子有焦虑是不合适的，有问题的。

那么，当孩子有焦虑情绪的时候，我们应该怎么做，才能缓解孩子的焦虑呢？

首先，父母应该思考一下，为什么孩子会焦虑？孩子焦虑背后的情感需要是什么？是我们让孩子产生焦虑情绪的吗？

我们试图改变孩子的行为，某种程度上，就相当于在告诉孩子，你不是做不好，你是因为太焦虑了，没有耐心。孩子就会觉得焦虑是一种错误，从而拼命想摆脱焦虑，但是越急着想摆脱，反而就越会陷入焦虑当中。

往深处说，孩子是在害怕，自己无法把事情做好，从而失去父母的疼爱。

孩子的焦虑情绪可能不仅是因为某个时期做不到某件事而引发的，同时还有对自己产生错误的认知，内心经历过创伤等原因。

当孩子小的时候，出现负面情绪，如果没有得到释放，或者没被他们的父母接受，孩子就会在成长的过程中，积攒很多负能量。

因此，当孩子有任何负面的情绪时，父母在当下应该先关注孩子这个人，安抚好孩子的情绪。我们应该把孩子的情绪和行为分开，而不应该把两者混为一谈。

比如，当孩子穿鞋子，试了几次都做不到时，就会产生挫败和焦虑的情绪。父母可以做的是陪在孩子身边，等他完成，而不是去教导孩子要有耐心，应该如何做。

尝试去感受一下，孩子当时的感受，想想我们自己如果遇到了这样的情况，能保证自己不会焦虑，不会情绪不好吗？倘若我们自己都做不到，又怎能要求孩子做到不焦虑不着急？

有时候，孩子会因为焦虑，而不停地说话。其实，他（她）是正在通过语言，让我们知道，他们需要父母在情感上给出支持。

这时候，我们就可以说："宝贝，看得出你很努力地想把鞋子穿好，慢慢来没关系，我会陪着你。"

当孩子感受到一份温暖的支持，感受到父母的呵护，孩子的心自然就安定了，也就不会焦虑了。

02

我们一个群里的家长，给我转发了一条她儿子发给她的消息："妈妈，我最近不知道为什么，对自己的成绩特别焦虑。我很想冷静下来好好学习，可就是没有办法做到，我是真的很努力在学。"

这位家长不能理解，孩子口口声声说焦虑，着急自己的成绩，可是根本看不到他去改变。为什么孩子为成绩这么焦虑着急，却又不愿意去努力呢？

我问："当孩子这么说的时候，你是如何回应的？"

"我很愤怒，很生气，然后给孩子讲道理，他根本听不进去。"

孩子之所以不听，并非是觉得我们说的没有道理，而是在那个时刻，孩子需要的不是道理，不是我们苦口婆心的说教。孩子之所以告诉自己父母这件事，正是希望父母能够帮助自己，让自己摆脱焦虑的情绪。

"当你跟孩子讲道理，孩子不听之后，你是不是对他冷嘲热讽？然后，孩子不但没有从焦虑中走出来，反而更急躁了，以前有什么事还会对你说，现在却只会一个人闷着，对吗？"

"对的，我不明白为什么，既然担心，就努力啊！"

我只能苦笑，可能孩子已经很努力，但是他努力的方法和我们想象的不一样。父母因为只在意结果，所以没有真正看到孩子努力的过程。

请相信，我们的孩子比我们更有智慧。我们不需要给他们讲太多的道理，仅仅只是耐心地陪伴，就能温暖他（她）的心灵。也许在当时孩

子没有给我们什么回应，但其实他的心里能感受到。

孩子在成长路上，会遇到很多让自己焦虑的事情。父母如果能在孩子小时候好好引导，那么孩子在以后就能学会如何处理自己的焦虑情绪，而不是只会在焦虑的情绪里纠结、自责和难过。

孩子自己也不想产生焦虑，父母唯有用更宽广的胸怀来接纳孩子的情绪，孩子才能够放下这份沉重的情绪。当我们对孩子的焦虑，有太多的看法，急着把孩子这份情绪，当成问题来处理，无形之中，就是让孩子稚嫩的心，背上沉重的思想包袱和压力。

很多人问我，到底怎么才可以像我一样，培养出一个高情商、不无理取闹的儿子。我想说，我儿子也并非是一生下来就情商高、情绪稳定，而是当他有焦虑不安，或者愤怒委屈等情绪时，我没有落进下石，没有冷嘲热讽。

慢慢地，孩子便懂得，原来爱和宽容是无价的宝贝。

焦虑从来不是问题，问题是我们如何看待孩子的焦虑。

请用爱温暖孩子，让孩子学会正确处理自己的情绪。

尊重会让孩子变得更有智慧

01

孩子需要被尊重，尊重是对孩子能力的信任、情绪的接纳，父母要学会欣赏孩子擅长的东西，以及孩子表现出来的小小成就。

当我们带着信任去接纳孩子成长时期的每个小缺点，欣赏孩子付出的努力，孩子就会带给我们很多惊喜。同时，孩子也会变得更有智慧，更有能力去应对自己生命中所发生的一切，经得起挫折和挑战。

有时，父母很容易带着成人的标准来看孩子的言行，因此会不由自主地把孩子不足的地方放大。

家长眼里所谓的好动、小气、胆小……并非真的就是孩子的缺点。只是当我们把自己的孩子，和别人的孩子放在一起对比，就会担心孩子是不是输在起跑线了，是不是自己在养育孩子的过程中，哪里出了错误？

尊重孩子，尊重孩子每个年龄段的特点与成长的规律。

朋友莉常常向我吐苦水，说自己家老大很容易情绪化，经常把"凭什么"挂在嘴边，只要看到他们去照顾老二，他就会突然趴在沙发上，把头埋进枕头哭着说："我是多余的，你们不爱我。"

无论大家怎么劝怎么哄，孩子都不愿意抬起头。感觉他就像个鸵鸟一样，遇到什么事情就喜欢用枕头把自己头捂住。

我问："你所说的劝和哄，具体是怎样做的？"

"就是告诉他，我们很爱他、很在乎他，可惜孩子好像感受不到。有时候，我烦了就忍不住吼两句，他就马上把枕头拿开了。但是我吼完，心里就很后悔，我想让孩子感受到我很爱他、很尊重他的感受。告诉我，我该怎么办？"

我笑了笑说："其实没有那么复杂，如果是我，我会先尊重他的感受。"

当我们不停地对孩子说"我多么爱你""我多么在乎你"时，其实主要是想让孩子从悲伤委屈的情绪中走出来。但这样就是否定了孩子的情绪，对孩子因为情绪表现出来的行为不接受。

情绪没有对错，孩子有消极情绪并不代表这个孩子有问题。

我们成年人遇到委屈的事都会难过、悲伤、痛苦，只是我们处理的方式和孩子不一样，也许有时候，我们比孩子还要极端。连我们成年人都无法自如地掌控自己的情绪，更何况是我们的孩子？

只要父母没有真正地尊重孩子的感受，那么无论是对孩子采用讲道理、威胁、批评、贿赂还是冷处理等方式，都不会有好的结果。反而会对目前的情况火上浇油，导致孩子无法听进去大人说的话。

我问："老大遇到挫折是不是很容易退缩，又或者还没有做某件事情，

就开始否定自己，觉得自己做不到？他和小朋友一起玩时，是不是很容易哭着回来？"

"是的，确实如此。"

如果自家孩子出现这种情况，很简单，尊重孩子的情绪。

当孩子总感觉自己多余，看到父母对老二好就会沮丧、愤怒，喜欢把头埋进枕头，父母就应该允许孩子用这样的方式处理自己情绪。

我们要看懂孩子内心的需要，接纳孩子的感受，而不是去批判孩子这样做不好。越是批判孩子，越是会让孩子的内心对我们充满防备，并且还会让孩子觉得更加委屈。

02

我们可以告诉孩子："妈妈知道你此刻心里很难过，甚至有些愤怒，想哭就哭一会。有妈妈在，我会陪着你。"同时，感受孩子情绪和身体的反应，尝试靠近孩子，抚摸孩子。

等孩子情绪慢慢平复一些，再对孩子说："孩子，如果你准备好了，可以把枕头拿开，起来让妈妈抱抱你吗？"

如果孩子答应了，我们就温柔地把孩子揽入怀里。

当孩子情绪平静下来，就会愿意聆听你所说的话，并且会懂得妈妈之所以会照顾老二多一点，并不是因为不爱他。同时，他可能还会愿意与妈妈一起照顾老二，陪伴老二。这样，我们就能很好地培养孩子的责任感。

我们懂得这些道理还不够，最重要的是做到，所幸莉一直愿意落地实修，不断学习，慢慢地，老大闹情绪的频率越来越少。

莉告诉我，她现在也越来越少听到孩子回来控诉谁欺负他了，反而更多地听到老师表扬孩子多么有智慧，多么能照顾同学的感受。

莉还给我说了一件事：有一次，因为家里来了客人，她忙着准备饭菜，没有时间顾及老二。老二就不停地闹腾，哭得很厉害，给她添了不少麻烦。

这时，老大走过来抱起老二说："你可以哭，但是你要知道妈妈不是不爱你。虽然妈妈心里想陪你玩，可她现在要做饭，没有时间，我陪你玩好不好？"

莉欣喜若狂地对我说："那一刻我真的惊呆了，没有想到，孩子懂得去安抚妹妹，懂得为我考虑、尊重我。我以前跟他讲了无数次道理都没有效果，现在我只是开始尊重孩子的感受，他就立刻懂得给予我同样的尊重。我看到了孩子的智慧和爱，被孩子感动得哭了。"

被尊重的孩子，确实会更懂得体谅别人，以及给出自己的尊重和爱。

有一次我和朋友吃饭，她那2岁半的孩子非要自己夹菜，自己舀汤，经常是还没有来得及送到嘴巴，就都洒了。即使如此，孩子还是不厌其烦地重复着，没有丝毫放弃的迹象。

我只是默默地看着孩子，等待孩子完成所有的动作。

然而，朋友看着孩子笨拙地、慢腾腾地夹菜舀汤，觉得孩子就是贪玩，担心这样影响我们吃饭。于是她就按捺不住了，从孩子手中拿过勺子，对孩子说："妈妈喂你吃，你看你都洒了，妈妈和阿姨都没得吃了。万一碗打碎了，还要赔给酒店的哦。"

很快，孩子开始"哇哇"大哭。

我说："尊重孩子，也许孩子动作没那么漂亮、没那么标准，甚至很慢，但我们都要给出一份尊重。同时，如果孩子提出的要求确实不合理，我们可以温柔而坚定地拒绝。"

尊重孩子探索生活的权利，孩子的人生属于他自己，我们说再多的道理，都不如让孩子自己去探索、去体会。

有意思的是，当我对孩子表达出我的尊重后，每次新菜上来，她都会微笑地看看我，似乎是想得到我的允许再去夹菜，而且每次夹菜，都是先给我。

孩子真的非常单纯和天真。所谓"爱出者爱返"，我们对孩子表现

出我们的爱，孩子自然会给我们同样的爱；我们给孩子尊重，孩子自然也会学着尊重我们。

我们对待孩子的方式，会影响孩子看世界的角度，让他们产生不同的行为模式。如果我们给出爱和尊重，孩子便能学会给出爱和尊重。

03

当然倘若孩子的要求确实不合理，我会温柔地抚摸孩子的头说："对不起，阿姨恐怕不能答应你哦。但是阿姨拒绝你，并不是因为你不好，也不是因为不爱你。"

孩子的学习能力极强，当我要孩子给我盛汤，她居然学着我的样子摆摆手说："对不起，宝宝不能答应你。但不是因为宝宝不爱你。"

她说这话时特别可爱，简直萌翻了，我的心都被融化了。

曾经，我的孩子在刚上小学的时候，我每天早上都感觉特别煎熬。因为我赶着上班，孩子却磨磨蹭蹭，一副不着急的样子。

无论我说多少次："你能不能快点啊，都快要迟到了，快点行不行。"

他还是不紧不慢地穿着鞋子，慢条斯理地系鞋带，甚至当我们到达学校，听到上课铃声响了，他依然不慌不忙地走着。可想而知，孩子每天上学都迟到。

有一次，孩子怎么也系不好鞋带，我就不停地催促他。结果孩子一屁股坐到地上，边哭边说："你老是催我，把我的心都催乱了，我还是一个小孩子，没有你那么快。"

我被孩子的话深深震撼了，真切地感觉到孩子内心的痛苦和挣扎。

对啊，他还是一个孩子，我为什么要用我的思维、我的标准来要求他？因为我在心里给孩子贴了很多标签，觉得孩子这个习惯不好，这样是有问题的。但其实是我太小题大做，过于严肃了。我缺乏对孩子的一份尊重，不断地催促反而打乱了孩子的节奏。

孩子之所以慢，大部分原因是我们的催促干扰了孩子。孩子一边想要专注地做好自己事情，一边还要听我不停的催促，自然无法心平气和地把事情做好做快。

我们一方面希望孩子有自己的想法，能独立解决问题；一方面又看不惯孩子做事的态度和方式。

我们大人与孩子的做事节奏是不一样的。倘若我们用成年人的标准和方式来要求孩子，孩子就容易变得急躁、没耐性、畏惧困难、过分依赖父母等等。

自从儿子说了那番话后，接下来的日子，无论孩子做什么事情，我都先让自己停下来，静下心，对孩子的节奏给出更多尊重。

当我学会尊重孩子，耐心地等待孩子后，孩子反而催起我来了："妈妈还有 5 分钟我们一定要出门哦，我不想迟到。"

同时，我发现孩子做作业更加专注，更加认真了，他学会合理安排自己的时间，完全不用我告诉他应该怎么做。

每个孩子生来都不笨，他们本身就具有一定的智慧。

养育孩子，是一个漫长的过程，作为父母，请相信自己的孩子，给孩子更多的尊重，这样做才能让亲子关系更加亲密。

我们要学会去信任这个世界

01

父母在孩子的成长过程中，出于对孩子的保护和爱，往往会在无意中给孩子灌输很多像"这个世界不值得信任""你应该对这个世界充满防备心"这种观念。

在孩子成长的过程中，父母通常是更加强调什么是不该去信任的，

而忽视了告诉孩子，在生活中还是有更多值得我们去信任的人和事。

做家长的都希望能让孩子早日拥有准确的判断能力和辨别能力，理所当然地就会教导孩子：不要和陌生人说话，不要随便吃别人的食物，不要轻易相信任何人……

其实我们这是操之过急了，我们只期待着孩子在很小的时候就能拥有这些判别能力。但其实对于孩子来说，家长这种传递的方式，让他们产生得更多的是心烦、恐惧和对世界的不信任。而这种不信任，也许会带给孩子更严重的影响。

前天，我在地铁口捡到一个5岁左右的小女孩。之所以用"捡"这个字眼，是因为我是被一阵哭声所吸引，随着哭声才能在熙熙攘攘的人群中找到孩子。

当我走过去问她发生什么了事情，孩子本能后退了几步，眼神充满不安和恐惧，还有几分怀疑。

我想孩子之所以有这样的本能反应，多数是因为大人交代不要相信陌生人，不要随便和陌生人说话。

是的，这个世界确实让我们不得不变得更加谨慎。然而，只是防御其实并不能解决问题，孩子需要足够的智慧来分辨，当自己遇到困难时，做出什么样的选择和判断才是合适的。

小女孩"嘤嘤"哭泣着，时而用怯怯的眼神偷瞄我。

我对小女孩说："宝贝，阿姨不是坏人，不会把你骗走。你愿意信任我或者需要我帮忙，阿姨会陪着你。如果你还没有想好要不要信任我，我也陪着你。想哭就好好哭一哭，阿姨一直陪着你。"

我说完之后，孩子的哭声变小了许多，一边哭一边继续偷瞄我。

我蹲在离她大概一步的地方，看着她。

过了一会儿，孩子大概觉得可以信任我了，才一边哭一边告诉我，她和爷爷走散了，找不到爷爷了。

说完，她又哇哇大哭起来，这次她哭得更伤心、更猛烈了。

我走过去轻轻地抱着孩子对她说："别怕，你是安全的，世界是安全的。有阿姨在，别怕。"

孩子的身体从最开始的僵硬、紧张和害怕，慢慢变得放松了很多。

待孩子情绪稳定后，我问她是否愿意给我和她自己一个机会，我可以帮助她。

孩子点点头，我就问孩子要了她妈妈的电话，可是我刚打过去就立马被挂断。

我想那位妈妈也许是看到陌生的电话号码，就以为我是推销的。

确实，这个时代已经没有了隐私，我们的个人资料被随意公开，我都不知道接了多少陌生电话，对方知道我住哪里、我孩子的姓名、所在班级……

正因如此，我们对这个世界的防备心也越来越重。

我只好连续打了很多次电话，所幸最后孩子的父母终于接电话了。

最终孩子与家人团聚，但孩子依然不停地哭，她的眼神透露出内心的恐惧和很多其他复杂的情绪。

02

我想：这个世界确实有它的阴暗面和黑暗的地方，只是如果我们过多地对孩子强调这些阴暗面，就会放大孩子的恐惧。

如果有一天孩子真的遇到了挑战，孩子就会失去方向，也会因为防备心太重而不知道去寻求别人的帮助。

我们可以做的是让孩子内心多一点信任；让孩子知道如何为自己寻找出路和冷静面对生命中所发生的一切紧急情况……

让我们的孩子可以对这个世界多一分信任，多一份信心。

黑暗之所以无处不在，是因为我们过分强调了它的存在；黑暗之所以会对我们产生过多的影响，是因为我们忽视了光明的力量。

的确，这个成人世界有太多地方需要我们去防范、怀疑。

教给孩子自我保护意识和安全意识，也是每个家长的责任，这是我们必须做的。但是同时，我们也别忘了信任的教育。

因为当我们过多地去传递负面信息，忽视了用积极正面的方式来传达信任时，孩子们很快就会发现，除了父母，他们几乎没有什么可以信任的了。

一旦孩子和父母发生冲突，吵架，亲子关系紧张时，孩子就会觉得自己孤立无援。

我们一方面想要让孩子建立自我安全意识，培养孩子拥有处理紧急状况的应变能力，另一方面却时时刻刻都在告诉孩子外界的危险，世界多么不可信和不安全，人是多么可怕的生物。

有一次在地铁上，我看见一个3岁左右的孩子不停地哭闹，妈妈不停地讲道理，说好话，孩子依然哭闹不止。

妈妈实在搞不定了，就故作惊讶地说："完蛋了，妈妈发现车上有个坏蛋，专门抓爱哭的孩子，你再不听话坏蛋就会把你抓起来，卖到很远的地方，你就会看不到妈妈了，再也不能和妈妈在一起了。你想不想天天和妈妈在一起？"

孩子自然是想的，妈妈又说："想就要听话，不许哭，不然就会被人抓走的。"

果然，孩子立马停止哭闹，可心里的委屈并没有减少，于是为了憋着不哭出声，小脸都涨得通红。

在孩子的身心发展过程中，很多时候我们给孩子讲太多道理，孩子是听不进去。这时大人们就发现用孩子害怕的事情，去恐吓他们往往很奏效。

因此这些话在教育孩子的过程中屡试不爽：

"你再不听话，我就让警察叔叔来把你抓走！"

"哭闹的孩子最不乖，再哭就让医生把你关进小黑屋！"

"你不好好写作业，明天我告诉你们老师！"

我们的孩子辨别是非的能力远不如成人，倘若我们常在孩子的面前扭曲这些事实，孩子便会缺乏对事物基本的分辨力和认知能力，从而会对警察、医生、老师等职业产生恐惧感。

孩子甚至会认为自己有一点表现得不好，爸爸妈妈就会离开他。

于是孩子会变得越来越小心翼翼，过于谨慎，不敢哭，不敢闹，甚至不敢笑，不敢真实表达自己的想法。因为他不想让身边的人担心和失望。

即使他们顺利长大成人，也会对社会缺乏安全感。因为他们眼睛里所看到的、心里所感觉到的东西都是充满恐惧和危险的。

03

"再不听话，就喊警察抓你！"类似这样的话说多了，孩子就会对警察产生恐惧感，当真正遭遇危险时他们就不敢向警察求助。

曾经看到一个新闻：孩子被绑架，放在车里，警察就一步之隔，但这个孩子没有呼救，最后这个孩子错过了一次宝贵的求助机会。

警察什么时候成了让孩子乖乖听话的神器？

是的，警察是"抓坏人"的。

孩子淘气不听话时，家长就说孩子做了坏事，变成"坏孩子"，警察会把他抓走的。而对于一个孩子来说，离开爸爸、妈妈可能是世界上最恐怖的事儿了。

因此，父母用一句"警察把你抓走"来吓唬孩子，虽然能让孩子一时的坏行为停住，却在无形当中，让孩子产生一种"我是坏孩子"的错误认知，同时对警察也产生了一种畏惧感。

记得有一次，我带儿子到常州恐龙园玩，在人来人往的人群中，有一个7岁的小男孩子引起了我的注意。

因为他总会突然惊慌失措地躲到妈妈背后说："妈妈我再也不敢犯

错了，你不要叫警察叔叔来抓我。"

原来是路上时而会出现巡警，他一看到巡警，就会害怕。

无论妈妈怎么说，孩子都不敢直面警察。直到警察走远了，他才敢畏畏缩缩探出头来，反复向妈妈确认："警察叔叔会抓我吗？"

原本以为，这位妈妈总该意识到"警察叔叔会抓犯错的孩子"这样的信念，会对孩子造成一定的影响，哪知道当我们在排队等候游玩项目时，又看到了那位母亲"恐吓"自己的孩子。

由于恰逢"十·一黄金周"，人非常多，每个项目都要排很久的队。

对于孩子来说，站一个多小时是很不容易的事情。可想而知，孩子一定会觉得各种不舒服，一会儿腿站累了，一会儿孩子又问妈妈还要多久，一会儿又说自己口渴了……

孩子折腾了许久，妈妈终于失去耐心，就对孩子说："嘘，你不听话，不好好排队，警察叔叔就不会让你玩了，你看那里就有警察叔叔，他们就是在看哪里有不乖的孩子。"

孩子瞬间就安静下来了。

也许因为这招太好用，人群中立马出现很多类似的声音："听话，乖乖排队站好，不然警察叔叔会来抓你的。"

这样的"吓唬"虽然效果会立竿见影，孩子会立刻被吓得不哭不闹，老老实实的。但是，它可能会给孩子造成长期的不良影响，可惜这恰恰是许多家长忽略的。

停止用"不听话警察叔叔就会来抓你"吓唬孩子吧！别把恐惧的种子埋在孩子的心田。

04

我们为什么会失去对这个世界的信任？因为我们害怕。

我们怕上当受骗，怕受伤害，有时候我们从其他人那里听到的可怕经历，或者是从新闻上看到一些令人不安的报道，都会让我们内心的担忧、害怕和恐惧被放大。

记得我很小的时候，我十六岁的表哥远赴深圳舅舅家，家人把他送上火车前，千叮咛万嘱咐，各种交代，然而悲剧还是发生了。

表哥丢了，是的没错，他被拐卖了。

从此我们整个家族有了沉重的罪恶感。所有的亲戚好友都展开漫长的寻人之路，姨父一家流干了泪，磨破了脚，那种悲痛，大概只有丢失过孩子的人可以体会。

表哥是不幸的，但同时他也是幸运的。

一年半后，他突然出现在我家，一身黑乎乎脏兮兮的，还散发着臭味。

最开始我们都以为是哪里来的乞丐，当他"扑通"一声，跪在我爸爸面前，撕心裂肺地喊着姨父时，我们才知道那是表哥。

表哥历经千辛万苦，逃回来了。

据表哥说，他已经按照家里人和长辈的叮嘱做了，不敢看任何人，不敢随意离开座位，下车也不敢东张西望，低头走路，可是悲剧还是发生了。

我想，表哥最终被拐卖，核心原因就是他太过恐惧。长辈们灌输给表哥的都是世界不安全、世界很可怕、人很可怕，这种观念。

这也间接导致表哥对自己不信任，缺乏应对处理紧急事情的勇气和力量。

因为表哥丢失这个事情，从此我们整个家族的防备心更重了，大家都认为世界太复杂、坏人太多，我们所有的孩子都不允许去外地工作。

记得很多年前，我常常做同样的梦：我一个人出去玩或是去其他城市求学，突然就被一群坏人拽上车，蒙上眼睛，绑住四肢，把我卖到遥远的山沟沟。

这种强烈的担忧和恐惧一直伴随我很久。

我很清楚记得十三岁的时候，第一次随外婆到武汉，在公交车站等车，

外婆要我等等，她去给我买瓶水喝。

然后一个陌生人过来问我坐什么公交车可以到他想去的地方，我吓得魂飞魄散，飞一般地跑到外婆身边，瑟瑟发抖，并且连续好多天我都做噩梦。

如果我们能够赋予孩子无限的勇气和力量，孩子就会拥有分辨是非的能力；倘若我们过多地放大恐惧，孩子内在的焦虑和恐惧只会增加，变得怯弱谨慎，这样孩子反而更容易出现危险。

父母应该让孩子对这个世界和陌生人拥有更多信任；让我们的孩子用更广阔的视角来看待世界和陌生人。

这份信任的力量，会为孩子的生命创造出更多的奇迹。

孩子对生命、对人类、对世界的信任本身就是孩子生命里巨大的财富。

所以，我们家长在教孩子学会自我保护的同时，也别忘了让孩子学会信任。父母要争取做到不放大孩子的恐惧，不用孩子最在意的东西去吓唬孩子。

当然，前提是我们自己要改变对外界的看法，我们的想法改变了，我们的做法，表达语言的方式，传递的信息也会随之而变。

愿我们孩子的世界充满更多力量和勇气。

赞美和鼓励会让孩子更自信

01

孩子在成长道路上，会遇到许多未知的困难，许多做不到的事情……

我们如何看待孩子，会影响孩子对待人生的态度。无论当下孩子呈现的成果如何，父母都应该相信自己孩子愿意不断努力，不放弃前行。

电影《小孩不笨》中，父亲对孩子成才说得最多的话就是：你成天做些没有用的东西，不好好学习，你将来会有什么出息？你是不是想把我给气死你才满意？你要是不好好学习，以后就会像我这样，被人看不起。

处于青春期的成才也不甘示弱，和爸爸发生激烈的争吵。

为此，爸爸很苦恼，只好向开杂货店的朋友抱怨，孩子如何不省心，成天只知道整些没有用的东西。

朋友对他说："你呀，太不会爱孩子了。孩子都是一张白纸，他今天的叛逆其实和你自己也有关系。"

恰好这个时候，朋友家的女儿回来了，她手上拿着一张考试的卷子。

朋友的妻子对女儿说："宝贝，你太了不起了，靠自己的努力取得这样的成绩。宝贝，我爱你，妈妈很爱你！"

成长爸爸拿过试卷一看，呆了，结结巴巴说："考试分数这么低，你怎么不着急？这么低分还去赞美？"

朋友笑了几声，对他说："孩子是需要被鼓励的，不管怎样，孩子都是有付出的啊，你要学会赞美孩子，孩子才会更积极有信心啊。学会对孩子表达欣赏和爱，孩子就会感觉充满力量。"

然后，朋友又反问他："你最后一次称赞孩子是什么时候？你最近一次对孩子说我爱你是什么时候？很久了对吗？"

成才爸爸用力回忆，忽然发现自己已经十多年没有对孩子表达爱和欣赏了。可是感觉对孩子说我爱你好难，他说不出口。

朋友对他说："那是你的孩子，说不出口是太久没有说了。"

每一个孩子都在当下为自己做了最好的努力，我们应该要看到的是孩子的付出和过程，而不是结果本身。

如果父母可以不吝啬对孩子赞美和鼓励，孩子就会对自己充满信心。

举个例子，爱迪生小时候，有一天放学回家，将一张折叠纸条交给妈妈说："妈妈，老师要我将这张纸条给你，并且说只有你能看。"

妈妈边看边流泪，爱迪生问妈妈："老师说什么了呢？"

于是妈妈大声读给孩子听："你的孩子是个天才，这个学校对他来

说太小了，没有好老师可以训练他，请你自己教吧。"

爱迪生的母亲过世之后，有一天，他偶然在妈妈的衣柜里看到当年老师交给他的那封折叠信，他打开，信上写着：你的孩子有智力的缺陷，我们不能让他继续留在学校就读，他被退学了。

爱迪生读信时，泪流满面。

然后，他在日记中这样写道：汤玛士·爱迪生是个有智力缺陷的小孩，但他的母亲让他成为世纪的天才。

这个故事的核心，就是要告诉家长，父母简单的一句鼓励，或许能改变孩子的一生。

02

我遇到过几位咨询的家长，困惑基本都是一样：孩子的学习成绩一直不错，从小很听话很乖，学习习惯也很好，很爱看书。可是到了高中就对学习失去兴趣，不怎么用心，也对自己失去了信心，这该怎么办？其实我们也不要求孩子有多么好的成绩，只要孩子快快乐乐就好。

当我和孩子单独沟通时，孩子的心声却是与家长所说相反：其实我之前很热爱学习，有一股向上的动力，愿意为自己而拼搏。但家长总是关注我们没有做到的，又不关心我们做得好的，考试偶尔少几分家长就非常焦虑，使劲批评我，慢慢地，我就觉得学习没意思了。

当我把孩子的真实心声反馈给家长时，家长变得很焦虑和生气。

家长说："这都高二了，马上就要进入高三了，还闹什么情绪？要闹不能等高考结束再闹吗？这样下去，肯定会连大学都考不上……"

可以想象，孩子不能对学习全力以赴是出于何种因素了。

当我们把注意力放在孩子的缺点和没有做到的事情上时，孩子就会感觉我所有的努力只不过是昙花一现，虚无缥缈。慢慢的孩子就会对自己失去信心。

一个孩子，要建立他对自我价值的认同感，至少需要被有效地赞美5000次。

因此，父母应该多去鼓励自己的孩子，相信每一个孩子都拥有自我反省、总结、找到自己不足的能力。

哪怕我们看到或者听到孩子身上某些缺点，一样可以用赞美来唤醒孩子，让孩子对自己充满信心。

记得我儿子初中第一次语文考试，孩子看着试卷上的分数，对自己非常不满意，感觉自己太笨了。

我对孩子说："妈妈非常欣赏你这种自我反省、自我总结的能力；你有这样好的品质，我相信你在未来一定可以找到学好语文的方法。"

很快，孩子就从不自信、自我攻击的状态，进入到思考状态，他开始找错题原因，看看自己哪些部分需要提升，最后学习语文的热情越来越高涨，对学习也充满自信。

因此父母需要多多鼓励和赞美孩子，用赞美和鼓励转化孩子身上的不足，让孩子知道，努力了就是最好的开始。

03

我看过一部电影，名字叫《地球上的星星》。

我很欣赏电影中的美术老师，他不放弃，并且坚信每个孩子都有属于自己独特的天赋，拥有这种信念才能真正唤醒孩子内在的天赋。

影片中主角伊桑，学习成绩一直是最差的，因此他受到老师、父母的责骂、歧视，为了逃避这些让他感觉糟糕到状况，他开始逃学。最后不得已被转学。

当孩子被送到新学校的时候，孩子的心灵世界就向成年人彻底关闭了，他感觉自己的父母已经放弃自己，不信任自己了。他觉得自己很糟糕，是没人要的小孩。

转到新学校的伊桑依然是学不好语文、数学等科目，孩子努力了、尽力了，可没人看懂孩子内心的渴望。

他暴躁的父亲只会打耳光、谩骂和唉声叹气，完全看不懂孩子内心的孤独和哀伤。

最后伊桑不愿意见父母，完完全全封闭了自己。

幸好，伊桑遇到了一个能看懂他背后的痛，能发现他对色彩很敏感、想象力很丰富的美术老师。

他用爱迪生、爱因斯坦还有自己小时候的故事来培养伊桑的自信心。他不断鼓励孩子，永远都是关注伊桑做得到的事情和伊桑的进步。不管别人如何看待伊桑，美术老师都没有放弃他，一直相信伊桑就是一个天才。

最后伊桑在老师的爱和不断的赞美中，变得不再自卑，还在全校绘画比赛中获得第一名，其他各门功课的成绩也都明显提高了。

这就是爱的力量、相信的力量、不放弃的力量、赞美和鼓励的力量。

父母就应该多多赞美孩子，给孩子希望和力量，给孩子爱和光明，孩子自会活出自己最灿烂的生命。

我们要相信：

1. 孩子都有自己闪亮的地方。

2. 只要我们用心来欣赏孩子，他（她）一定会积极向上，充满热情。

3. 每个孩子都是独一无二的，都有属于自己的步伐。

4. 每个孩子都希望自己学习好，都在当下做了最好的努力。

5. 孩子越是被赞美越是有力量，越是被赞美越是充满信心，越是被赞美越是会变得优秀。

让孩子活出自己的精彩人生

01

每一个孩子，都有自己独特的个性。

"我的孩子很不自信，他经常觉得自己是一个笨孩子、坏孩子，觉得老师不喜欢他，感觉班上的老师同学都瞧不起自己。老师也经常投诉他，甚至直接告诉我，你一定要加强对孩子的管理，督促孩子学习，怎么办？"

我问："当你听到老师这样说，你的第一反应是什么？"

"听到老师这样说，我的心情很低落，一方面看到自己孩子变得自卑、胆小，我很心疼；另一方面总是收到老师这样的投诉，心里很窝火。每次辅导孩子作业或者学习，我也会觉得自己孩子确实很笨，很讨人嫌。"

虽然孩子父母嘴上数落着孩子的缺点，然而，他们脸上却写满忧愁和自责，我可以感受到父母的不知所措，也从父母的眼神中，看到了他们对孩子心存愧疚和愤怒。

我无法想象，这个孩子每天该如何开始自己新一天的生活，如何来面对外部世界？被自己最亲密的父母否定、批评和攻击时，他那颗幼小的心灵，是多么的难受和无奈？

想到这里，我的眼泪不自觉地往下流。

孩子父母看见我流泪了，慌忙给我道歉："对不起，对不起，老师，是我说错什么了吗？"

他们不知道，这个泪是对他们孩子的爱和心疼，不过我要是这么说，恐怕他们很难理解。

于是我问："你喜欢你自己吗？喜欢你的孩子吗？当孩子觉得自己很笨，不自信的时候，你是如何看待自己的？"

也许从未有人这样问过他们，他们瞪着眼睛看着我，眼神充满惊讶和好奇。

许久他们才回答我："我好像从来没有考虑过喜不喜欢自己。至于对孩子，说不喜欢吧，好像不会。可是说喜欢孩子吧，平时我一不留神就会说出不喜欢孩子的话。然后孩子如果总是念叨自己很笨，一副不自信的样子，我就觉得自己是个很失败、很没用的父母……"

还没有说完，他们就如我刚才一般，忍不住开始流眼泪。也许此刻触动的是内心对孩子的爱和愧疚。

天下没有不爱孩子的父母，但如何去爱，是每个父母需要去学习的。

我认为，养育孩子的最高目标，就是让孩子可以安心地做自己：让孩子对自己充满信任和感激；让孩子的生命因为我们而有所不同；让孩子活出自己的精彩人生，为做好自己而去努力。这就是对孩子最高境界的爱！

因此，我们需要去了解孩子内心的感受和想法、了解孩子的情感和渴望、了解孩子的特别之处。父母应该陪着孩子经历生命中每一个失望、悲伤、难过和无助的时刻，带领孩子看到世界的美好与丑陋。

02

待他们情绪稳定，我说："那有没有什么事，是你们孩子做得特别好的？"

"有的，孩子很会堆积木，每当他堆积木堆出一个很特别的造型，就会得意洋洋地说自己是怎么弄的，说实话我们就堆不出来；还有他喜欢和爸爸踢足球，别看孩子人小，反应特别快，总会让他爸爸搞不懂他要出什么招……"

一边说，他们一边泣不成声。

"原来我的孩子并不是笨，而是我们总是把焦点放在他做得不好的地方，甚至因为这些不好，我们就全盘否定了孩子。"

"是的，所以，请让孩子安心做自己。"

"我们该怎么做？"

"尊重孩子的人格，尊重孩子的成长规律，尊重孩子的特别之处。多关注孩子擅长的事，不要用成年人的标准来要求孩子。这样孩子才会有自信，才会活出属于自己的精彩人生。"

尊重孩子就是信任、接纳、欣赏孩子的能力，让孩子创造属于自己的未来，做最好的自己。

然而，大多数时候，我们都只想让孩子听我们的话，按照我们的认知和价值观成长和生活。

我们常常说"你要做一个听话的好孩子""你要不听话，我就不喜欢你，不要你了"。

我们把"好孩子"跟"听话"联系在一起了，大家都认为"好孩子"的标准就是"听话"，于是乎那些不按跳脱常规的孩子，就被视为"不听话"。但他们并非真的是"不听话"，只是和我们所认为的好孩子不一样而已。

孩子不懂得用合适的方式表达自己的意愿，只会觉得父母是对的，因为我们一直在给孩子强调，父母所做的一切都是为了孩子好，所以孩子就会想"原来我这样做不对，听父母的话才是对的"。

作为父母，我们确实恨不得倾尽所有，把全部的爱给孩子，然而，我们给孩子的爱，不一定是孩子最需要的。

想让孩子可以安心做自己，父母要从接纳孩子的不完美开始。

有一天，5岁的儿子从幼儿园回来，突然对我这么说："妈妈，我是一个不听话、不懂得心疼妈妈的孩子，对吗？"

听到孩子这么说，我心里一阵难受。看着儿子稚嫩的小脸和充满委屈的眼神，我心疼地抚摸着孩子的小脸，对他说："在妈妈心里，你是最可爱、最善良的孩子。"

"可是，幼稚园老师不是这么说的，他说妈妈交了伙食费，我不好好吃饭，就不是乖孩子，就是不心疼妈妈。"

　　我相信，老师说这样的话，出发点是好的，他只是希望孩子能够多吃点饭，但说话方式显得过于急切。而我儿子确实在吃饭这件事情上，令人很头疼。因为他吃饭特别慢，慢到你恨不得给他装个直线管道，不用咀嚼不用吞咽直接下肚。

　　为此，老师不止一次对我说："你儿子什么都好，特别惹人爱，就是吃饭的问题太让人崩溃了。"

　　老师为了让儿子好好吃饭，也花了很多心思，做了各种小玩意儿当奖品，可惜都没什么用。我想这也是老师实在想不出好的方法才出此下策的。

　　我想，还好，儿子没有憋着，把这些话告诉我了。

　　我对儿子说："我知道你是爱妈妈的好孩子，你也希望自己吃饭可以快点对吗？"

　　"是的，我自己也很想吃快点，然后就会发呆，去思考怎样可以吃快点。"

　　看着儿子呆萌的样子，我回想起孩子吃饭的时候，确实总会发呆，原来人家不是吃饭不专心，而是在想如何才能吃快点。

03

　　没有人是完美的，谁都会有缺点和不足之处。如果我能接纳儿子吃饭慢这个小缺点，孩子就会放下内心的包袱，不再痛苦。

　　"宝贝，我猜你吃饭慢，其实是想细细品味饭菜的味道，对吗？"

　　"是的，吃到后面，饭的味道会有变化哦！"

　　"原来如此，妈妈从来都没有发现这个秘密呢。"

　　"可是，我吃饭慢不是乖孩子啊。"

　　"你吃饭慢并不代表你不是乖孩子，记得无论你吃得慢，还是快，我们都爱你。我爱你和你是否完美、是否乖没有关系，当然你也可以选择改变，看看怎么做，才能做出适合自己的选择。"

儿子似懂非懂地看着我。

懂不懂没有关系，重要的是我想借此告诉父母们，接纳孩子的不完美，对孩子多一点信任。父母要让孩子明白，每个人都会有不足，让孩子学会体谅他人的不完美，同时要让孩子感受到自己被爱、被信任。

后来，我们不再刻意要求儿子改变吃饭习惯，但不知道从什么时候开始，他吃饭的速度变快了。

我想大概是因为孩子终于能安心地做自己了，那么某些习惯也会跟着发生改变。

坦白地说，语言具有杀伤力！

当我们的孩子做得不够好时，切忌对孩子贴标签，如果我们不断地强调他做得不好，时间久了，就会降低孩子的自尊和自信，导致孩子自我否定。

我们无法保证，全世界都和我们一样善待我们的孩子，但是至少我们可以做到，不攻击孩子的人格，不去放大孩子小缺点，不去否定自己的孩子，不增加孩子的恐惧和焦虑。

文章开头提到的孩子，后来也发生了很大的改变。

他的父母意识到自己的问题后，就尝试用新的眼光、新的方式看待自己的孩子。

他们告诉我，有一次孩子放学回家，情绪特别激动，他把书包的作业本和书，一股脑全扔进了垃圾筒里，嚷嚷着再也不想去学校了。

他的父母按照我说的方式，用一颗关怀的心去陪伴孩子，和孩子一起面对眼下他所有的情绪。

"宝贝，你怎么那么生气？是不是在学校发生了一些不愉快的事？如果你愿意告诉我，我会很用心听你说，如果你还没有准备好，我陪着你。"

孩子依然在自己的情绪里，他妈妈的话一个字也听不进去，只是不停地嚷嚷："我太笨了，怎么也学不好，我再也不想上学了。"

对于一个 8 岁的孩子来说，努力了却无法收获自己想要的结果，是非常挫败和无力的，这会让他产生懊恼和自我怀疑。因此安慰他的最好方式，就是陪伴。

于是家长只是说："是的，我明白。"其他多余的一个字也没有说。

很快，孩子就停止扔书本，坐在沙发上号啕大哭，似乎要把所有的委屈和悲伤一股脑全部发泄完。

他慢慢靠近孩子，抚摸孩子的后背，对孩子说："我能感觉到，你遇到很不愉快的事，在学习方面也对自己不满意。我们每个人都会这样，对自己某些部分不满意，很努力了却看不到结果。但这并不代表你这个人不好，而且我相信，你在未来一定会找到学好功课的方法。想哭就哭，别担心，有我在，我会陪着你。"

听到爸爸的话，孩子很快就安静下来，告诉他学校里发生的事情。当他有机会真正了解孩子后，他就用更好的方式，引领孩子用合适的方法表达自己情绪。

最后，孩子一边捡起扔掉的书本，一边笑着说："我太情绪化了，其实考差了，下次努力考好就行，我要相信自己。"

04

听说后来这个孩子慢慢从班里倒数，考到了全校前 10 名，而且之后也从未掉出这个名次，并且变得越来越自信，越来越爱学习。

这个孩子的家长说，原来让孩子安心做自己，没有那么复杂，仅仅是接纳孩子的情绪，看到孩子的优点就够了。

其实当家长不用单一的标准，去评价自己的孩子，自然就可以发现自己孩子身上无数的闪光点。

当孩子安心做自己，孩子就会更加相信自己、接纳自己、最终活出属于自己的精彩人生。孩子也有一颗积极向上的心，他们会主动去学习生活中所需要的技能、知识等等。

真正影响孩子成长的是孩子的自尊、自信、自爱、尊重、接纳、合作等等，而不是那些所谓的"标准"。

因此，父母需要多多赞赏孩子每一步的尝试和努力，然后才能更好地带领孩子认识自己、做好自己、成就自己、实现自己生命最大的价值。

让孩子安心做自己，就是给孩子更多的自由，接纳他的不完美和小情绪。不要担心孩子会被放纵得没有分寸，孩子有自己的思想，只要我们给予孩子尊重，他会懂得自我约束和反省。

每一个孩子都是独立的个体，作为父母，我们可以给予孩子无条件的爱，让孩子安心做好自己，在各种经历中寻找到属于自己的生命真理和人生之路。

让孩子安心做自己，让花成花，让树成树，用生命温暖生命。

孩子，其实你能安心做自己

让孩子安心做自己

每个孩子生命的节奏有很大不同

也许你的孩子无论做什么

都会比其他孩子慢

似乎孩子人长大了

还是有很多东西都不会

总让父母担心和放不下

那么

就去尊重孩子吧

尊重他的磨蹭
尊重他当下的能力和状态

让孩子安心做自己
每个孩子都是独一无二的天使
也许你的孩子容易产生挫败感
做事情没有耐心和毅力
缺乏安全感和自我探索的勇气
那么
就去欣赏孩子吧
欣赏孩子所做到的
看到孩子成长的每一点小小进步

让孩子安心做自己
每个孩子都有属于自己的天赋和使命
也许孩子做事情不专心
无法听进去大人所说的话
总给自己制造麻烦和困扰
父母常常因为孩子的行为
感觉到无比的懊恼和无力
那么
就去信任孩子吧
信任孩子愿意让自己更好
信任孩子在为自己做出最好的努力
信任孩子内心真实的情感需要

让孩子安心做自己

每个孩子内在都拥有神性的光芒

也许孩子不懂得礼貌待人

不会谦让他人

还常常容易情绪化

那么

就去给孩子真正爱的拥抱吧

拥抱孩子内在的脆弱

拥抱孩子内心的恐惧和不安

拥抱孩子对自己的攻击和否定

用爱的拥抱，带领孩子走向自己的光明

让孩子安心做自己

每个孩子都拥有爱与智慧

也许孩子目前有很多的不如意

感觉很迟钝和笨拙

交代无数次的事情

依然还是会犯错，记不住

那么

就去安心地陪伴孩子吧

陪伴孩子走过心灵的空洞

陪伴孩子走过每一段路程

用最饱满专注的爱来陪伴孩子

唤醒孩子内在的爱与智慧

激发孩子无限的创造力

让孩子安心做自己

每个孩子都具有让自己成功的意愿
也许孩子对生活缺乏热情，对学习缺乏积极性
感觉不好的习惯多于好的习惯
那么
就去好好地看到孩子吧
看见孩子的用心
看见孩子的情感需求
看见孩子对父母的爱
看见孩子的努力
看见孩子心灵深处的那个自己
引领孩子活出最好的自己
绽放自己灵魂的美

第三章

孩子，如何才能不让你心碎

情绪低落的孩子最需要陪伴

01

曾经看过一个报道，一个美国学者采访过二十多个国家的一万多个孩子，发现孩子对于物质条件并不是很关心，他们真正需要的是精神滋养。

很多时候，孩子在人生经历中，需要的并不是教育，而是爱。

真正对孩子影响最深的，其实是父母给予爱的方式。

前年暑假，我第一次让孩子随其他家庭一起去远方旅行。孩子临出发前两天，一直在闹情绪说不想去，我心里也知道孩子会有很大的失落感，毕竟其他孩子都有父母在身边。

虽然孩子嘴上说，并不是因为我没有去自己才闹情绪，但我知道他心里是渴望我去的。

很多孩子都是口是心非，容易让父母误认为孩子说的就是他心里真实的想法，可孩子其实不会把自己最脆弱无助的一面，赤裸裸地呈现出来。

当时我没有明白这个道理，还是让孩子去旅行了，想当然，孩子在整个旅途过程中都非常抗拒，完全不愿意随大家参加任何活动，极其倔强，不肯听从大团体的安排。

最开始，我很生气，冲动地想把不满统统发泄给孩子。但我想，倘若我真的这样做了，对于孩子来说，情况可能会更糟糕。

孩子不停地给我打电话，提很多我根本无法做到的要求，我试图给他讲道理，让孩子明白既然事成定局了就只能顺其自然，可他之后干脆不接我电话了，也不肯理我。

老实说，听到大家给我的反馈，还有感受到电话那端孩子的情绪反应，我有过短暂的焦虑和不安。

父母情绪激动时，往往会对孩子说出一些不应该说的话，做出一些不应该做的事情。最终伤害了孩子，也破坏了亲子关系。

我就因为情绪过于激动，而说了一些伤害孩子的话，因为我对孩子失去了耐心，把孩子当下的状况看作一个问题，迫不及待地想要改变孩子，让孩子明白自己的问题，所以我对孩子少了一份耐心和接纳。

随后，孩子打电话过来，我还来不及接听，他就挂断了，甚至有的时候，5分钟内他会反反复复地打很多次电话给我。

我想，出现这种情况是因为，孩子心里渴望给我打电话诉说自己的哀伤，却又害怕我骂他。

其实孩子没有问题，而是我对待孩子的态度和自己的心态不对。

想改变孩子，先改变自己。

我们并不是要书写孩子的人生，不需要为孩子做好所有规划，我们改变自己，是为了提升我们自己，让自己有更多智慧去担当父母这个角色。

当我静下心来，完全去体会孩子的感受时，我就对孩子多了一份怜惜和心疼。

我想，这次的事，对我和孩子来说都是一个千载难逢的学习机会。通过这次事件，我体会到做父母的无力、迷茫和心痛；体会到孩子带给我的难堪、生气，从而让我的视野变得更为宽广，让我能学着调整自己的心态，放下所谓的面子，所谓的好妈妈的形象。

于是，我试着去改变自己的状态，告诉自己，不要因为孩子糟糕的表现，而害怕被别人评价；不要去担心自己是不是一个好妈妈；不要去担心自己做得不够好。无论孩子提多么无理的要求，都不要去批评孩子，要信任孩子尊重孩子。

因为之前我对孩子说了许多伤人的话，所以孩子不愿意接我电话。于是我给孩子发了一条长长的道歉短信，向孩子表达我对他的爱和思念。

很快，孩子就给我回电话了，无论孩子说什么，我只是站在孩子的角度，去理解他的情绪。

02

我清晰地记得，孩子回来那天，趴在我怀里哭得非常伤心，情绪极其低落，完全没有办法开口和我说话。

那一刻，我深深体会到孩子巨大的哀伤和痛苦，我想当下最好的抚慰就是陪伴，给他时间哭个够，他愿意在我怀里哭，说明孩子对我还是很信任的。

因此这个时候我说得最多一句话是："亲爱的孩子，想哭就好好哭一哭，妈妈陪着你。"

我不记得孩子哭了多久，最后孩子抱着我说："对不起妈妈，我给你丢脸了，我不是一个好孩子，谢谢妈妈愿意相信我。"

这番话深深刺痛了我的心，这就是我们的孩子。孩子永远比我们想象中的更爱我们，他们也很渴望给我们添加光彩和荣耀。

我宁可孩子是个"不听话的孩子"，也不想孩子做太过懂事的孩子。

我对孩子说："妈妈谢谢你，愿意用你的方式带给我荣耀。虽然，因为这次的事，我有过生气、愧疚、难受的情绪，但这不代表你要为我的情绪买单。妈妈对你说过许多过分的话，伤害了你，我向你道歉，那一刻妈妈觉得自己很无能，心疼你，却只能在心里着急。所以对不起我亲爱的孩子。"

孩子说："我知道，妈妈，其实我很想和大家一起玩，但是每次看到大家玩得很开心，不知道为什么我心里就会很难过，没有办法融入大家。因为妈妈你是专业做亲子教育的，所以我也担心这样会带给你不好的影响，可妈妈我真的很难受，我很想妈妈，想回家。"

每个孩子心里都有一盏明灯，他们都希望给自己父母带去更多的欢喜，只是他们不会表达，也无法违背自己，假装可以做到，因为他们更加真实。

听孩子这么说，我十分心疼和难受。他内心过于懂事，想要保护我，从而陷入挣扎，可想而知当时的孩子是多么的痛苦和煎熬。

我对孩子说："我也很抱歉，这次让你一个人面对孤单与无助。如果你真的不喜欢和大家在一起，也是可以的，妈妈不会强迫你融入团队。我相信你不喜欢团队，一定有自己的理由。"

我没有因为孩子说这样的话而感到生气、沮丧，也不打算去说服孩子，给孩子讲道理，告诉他应该怎么做，我只是真正接纳孩子的情绪。

父母们不妨思考一下：我们到底是因为孩子做错了什么，而感到沮丧、愤怒和焦虑，还是因为我们本来就比较心烦，只是孩子点燃了我们情绪？又或者，我们对孩子的期待，仅仅是为了满足我们的虚荣心？

有的时候，我们对孩子发火，质问孩子为什么没有改变，并不是孩子做了什么天大的错事，是我们没有给孩子机会去改正。

当孩子情绪很糟糕时，给孩子讲道理，冲孩子大声嚷嚷，是没有用的，这样做反而会加剧孩子内心的抗拒，增加彼此的冲突，让孩子更愤怒、更害怕。

给孩子时间和空间，他会自己去思考。我们能做的是用心陪伴和接纳孩子，孩子在这样的情况下，反而会更加懂得去调整自己的负面情绪。

一天后，孩子的状态就恢复了。他喜欢围着我叽叽喳喳不停地说话，似乎一夜之间长大了不少。我出去忙，他会叮嘱我不要太累了，买东西拎不动就少买点，需要他帮忙尽管说……

孩子之所以会批评父母，与父母对抗争辩，是因为我们曾经在孩子最无助、迷茫、伤心的时候，否定和打压他们。

这件事让我了解到自己在担当父母这个角色上，还有很多进步成长的空间。

通过这件事，我明白当孩子情绪糟糕时，父母应该好好陪伴和接纳自己的孩子。因为爱是化解孩子内心恐惧和伤痛最好的方式。

试一试从孩子的角度看世界

01

孩子有很多想法从大人角度看是不可理喻的，然而，对于孩子来说，却有特别的意义。

父母眼里那些错误、荒唐的事情，在孩子的眼里，可能是真实和正确的。因为孩子是从自己的角度看世界，所以处理和分析问题的方法与成人不同。

我们经常以为孩子的想法有问题，需要修正，但是更多的时候，其实是需要父母蹲下来，和孩子站在同样的高度，用同样的视角来看这个世界。

从孩子的角度看世界，可以走进孩子的内心；用孩子的角度看人生，会和孩子产生更多默契，也会有更多的共同语言，这样的亲子关系就会变得更加融洽。

无论孩子处于哪个年龄段，孩子都是从自己的角度看待这个世界，理解身边的一切人事物，倘若我们只会从成人的角度去评判孩子，看到的自然都是孩子的缺点和不足。

如果我们能学会从孩子的视角看人生，我们就会发现，平时在我们眼里索然无味、平淡无奇的生活，原来那么有趣奇妙，充满无限的生机。同时，我们也会感受到，孩子的心灵如此单纯，如此有智慧。

用孩子的眼睛看世界，才能看懂孩子的心。

有时候孩子会做出一些令我们生气、难过的事，但其实孩子不是故意的，孩子们其实很爱父母，很尊敬父母，尽管从表面上看不出来。

当我们站在自己的角度看天真烂漫的孩子，总是会不由自主带着成年人的标准。

因为视角不一样，所以我们很容易对孩子的行为进行过分解读，从

而误解我们的孩子。

有一次我和儿子乘火车去外地，在检票口遇到一对母女，孩子情绪特别烦躁不安，一直在哭闹，妈妈怎么哄也哄不好。

从孩子表情可以看得出，她非常痛苦和难受，可是她既没有生病，又不是饿了，妈妈很无奈，不理解孩子为什么会哭。

我走过去对她说："你蹲下来看看，会看到什么？"

妈妈蹲下来还是不明白孩子为什么哭，我说："孩子之所以焦虑，是因为她看到的都是密密麻麻的腿。你把孩子抱起来，看看会如何。"

妈妈犹豫了一会儿，一边狐疑地看着我一边抱起了孩子，果然，孩子立马就停止了哭闹，开始用好奇的眼睛四处张望。

因此，父母需要对孩子多些爱和理解，需要用多点耐心去观察孩子。

许多事，用我们成人的角度来看，怎么也理解不了，当我们蹲下来用孩子的视角，来看他们的世界，才能看懂孩子。

我们要学会从孩子的角度去思考问题，对孩子多些耐心和尊重。

想要做到平等面对孩子，真正尊重孩子，就要用孩子的角度去思考他（她）的每一个行为。

回想儿子的成长经历，我深深感到，每个孩子都是独立的个体，都蕴藏着极大的潜能和天赋。

也许在孩子的世界里，所谓的犯错和令父母不愉快的行为，都只是自己对这个世界的探索和学习过程。

倘若我们觉得孩子不懂尊敬我们，和我们说话没有耐心，那是因为在孩子的世界中，我们也没有给孩子足够的耐心和尊重。

02

记得儿子5岁那年，我和另外几个老师陪小朋友一起做实验，这个实验就是观察种子的生长过程。

我们播下种子，一个星期之后，有些种子已经发芽长出小叶子，但儿子的向日葵种子，发芽速度相对来说要比较慢。

其实最开始选择种子时，老师强调过要选发芽速度快的种子，这样能让孩子更快地观察到种子发芽、生长的过程。

儿子之所以选择向日葵，是因为他觉得向日葵很温暖，像太阳一样。

可是做实验的过程中，儿子看到其他孩子的种子都发芽了，心里非常着急，每次自由活动时间，他都是第一个冲过去守在花盆边的孩子。

有一天，孩子们刚自由活动不到2分钟，我们就听到孩子的哭闹声，等我们过去才知道，原来是我儿子把另外一个小朋友已经长出来的含羞草给拔了。

看到儿子蜷缩在一边，一副无助的样子，我无比心疼。

另一名老师什么也不问，就对着儿子说："你这孩子怎么这么自私？你肯定是看到别人的种子都发芽了，你嫉妒对不对？小孩子不可以有这样的想法。"

我说："无论孩子做错什么事，当着这么多孩子的面羞辱他，就是你的不对。"

我走过去抱起儿子，孩子趴在我的怀里哭泣，对我说："妈妈，我不是坏孩子，我是想帮小伙伴拔花盆里的野草，那棵植物看起来真的很像野草。"

这就是孩子的世界，如此单纯。我们成年人往往只看到事情表面，就擅自猜测原因，没有耐心去听孩子说，也不尊重孩子，然后我们就会因为自己的猜测，而产生愤怒的情绪，甚至给孩子贴上不好的标签。

原本儿子非常敬佩和欣赏那位老师的，可是这件事情发生之后，他面对这位老师总会觉得惶恐不安，有时候在路上遇见，他也会绕路避开那位老师。

有时候，我们会觉得孩子不愿意和我们好好说话。其实，孩子的本性并不是不尊重我们。只是我们习惯站在成年人的角度去看待事情，把孩子想得很复杂，很不可理喻，于是就会呵斥孩子。

当一个孩子在成长过程中，未曾体验过被尊敬的感觉，孩子又怎么会对我们成年人给出信任和尊重？或许孩子曾经想要好好表达自己心里的想法，但没有机会，甚至不被理解，所以后来孩子的心就被恐惧所包围了。

如果我们尊重孩子，从孩子角度去思考问题，站在孩子的角度看待孩子，孩子自然懂得站在父母的角度去思考问题，从而变得更加尊重我们。

从我们的视角中所看到的人生，仅仅是我们认知的世界，并不代表孩子看到的也和我们一样。

所以，当孩子在某些事情上不愿意听从父母安排时，父母先不要急着批评孩子、指责孩子，请站在孩子角度去看待这件事情，这样才能清楚孩子在想什么。

当我们用成人的视角去看孩子，我们看到的永远都是不足，心里也就更加难受。父母对待孩子，容易过于在意表象，带太多个人情感去看待孩子的行为。

很多人说自己宁可出去工作，也比带孩子好，因为养一个孩子足以让自己心力交瘁。

其实，真正让父母感觉累的并不是带孩子这件事，而是父母自己看待事情的角度，学会从孩子的角度去看问题，父母带起孩子来会轻松很多。

03

有的时候，孩子比我们要宽容许多，即使我们大人犯了天大的错，只要真心给孩子道歉，就能立刻收获孩子的原谅，反而是我们父母，常常和孩子斤斤计较。因为我们总是把孩子的问题看得太过严重了。

记得有个来访者告诉我，有一段时间，她发现自己给孩子买的一些头饰、发夹，都不翼而飞了。每天早上出门上学，孩子头上还好好戴着发饰，放学回来发饰就不见了，即使问孩子，她也是一副什么都不知道的样子。

为此，这位家长没少给她讲道理，为她忧心。一个女孩子这么迷糊，将来可如何是好？

倘若不是因为老师的一通电话，也许她会一直认为自己生了一个迷糊的孩子。然而，这个电话打破了她心里的宁静，点燃了她的愤怒。

原来孩子把发饰转手卖给同学了，知道孩子对自己装傻说谎，这位家长挂断老师的电话后，连本来要加的班也不加了，直接怒气冲冲地回家，还没等孩子开口，就揪起孩子对着她的屁股一顿猛打，一边打还一边骂，什么难听的话都说了。

打完孩子，她抬头猛然看到镜子中的自己，披头散发，面目狰狞，眼神凶狠，精致的妆容也全花了……看着自己魔鬼般的样子，她忍不住号啕大哭。

我想打过孩子的父母，大概都有过这样的体会，当内心的愤怒占了上风，自己就冲动地打骂孩子，可是打骂过后，自己又会懊悔和自责。

那位母亲哭着，就见孩子走过来，一边给她递上纸巾，一边哭着说："对不起，妈妈，我只是想存点钱，等我有钱了，你就可以陪我了。因为你说过，有钱了你就不用经常加班，就有时间陪我了。

听了孩子的话，她忍不住把孩子抱在怀里，这时她才发现，原来自己的孩子如此单薄瘦小，而她从未好好地抱过她。

她对孩子说："对不起，妈妈错了，妈妈向你道歉。"

没想到，孩子也把她搂得紧紧的，乖巧地说："没关系，你是我的妈妈，我原谅你，因为我爱妈妈。"

后来，这位母亲果断减少了工作量，开始学会站在孩子的角度看问题，也越来越欣赏自己的孩子，亲子关系自然也越来越好了。

父母如果能学会从孩子的角度看人生，在亲子关系中就能有效地减少和孩子的冲突。

我们的孩子天性就是好奇、贪玩，父母凡事多站在孩子的角度思考，

就能更好地理解孩子、体谅孩子，也能更好地守护孩子的天性。

无论多乖的孩子，都会有令父母失望的时候，因为失败是在所难免的。

当孩子经历失败，有情绪时，孩子需要的并不是我们帮忙分析错误找出失败的原因，而是需要父母的支持和陪伴。

因为，在孩子心里最重要的其实不是失败的原因，而是失败的感觉。他们会因为失败，而产生负面情绪，孩子不知道该如何调整自己的情绪，这时他们就需要父母的帮助。

然而，很多时候，我们在养育孩子的过程中，容易产生过多的恐惧。我们害怕孩子输在起跑线上，害怕孩子将来找不到好工作，当孩子做某件事时失败了一次，这种无形的恐惧就会不知不觉地扩大。

所以，为人父母真的要适当放松自己的心态，不要总是想着"孩子应该怎么做才能成功""孩子怎么才能考一个好名次"等。

父母要学会欣赏孩子、接纳孩子的失败，这样孩子才会有更多勇气和信心去面对一切的困难。

孩子没有什么功利心，哪怕我们告诉他们现实多么残酷、社会竞争多么强烈，孩子也不会懂。因为在孩子的眼里，这些对于现在的他来说，都不是太重要的事情。

如果父母能学会用孩子的角度看人生，用欣赏的眼光去看待孩子，就可以更好地发现孩子的天赋，为孩子找到前行的动力。

父母要学会控制自己的情绪

01

儿子十岁那年，我和他一起看电视，孩子突然对我说："妈妈，我觉得自己是这个世界上最幸福的孩子。"

我问他："你为什么会这么觉得？"

儿子说："因为我有个爱我的妈妈，最重要的是妈妈情绪稳定，就算自己心情不好，也不会拿我撒气。"

孩子几句简短的话语，却说出了许多孩子的心声。我们想要让孩子理解我们，体贴我们，这没有错。我们想让孩子学会感恩，学会知足，也是希望自己的孩子长大后，能更平和地看待这个世界。

但是把自己的辛苦和委屈发泄到孩子身上，对孩子动辄大声斥责，就大错特错。孩子虽然年纪小，但是孩子有感觉和感情，这样的声音听多了，孩子要么听话到让人心疼，要么叛逆到让人抓狂。

在温暖、宽松的环境下长大的孩子，更容易懂得感恩。其实我们只要能够看到孩子天真无邪、无忧无虑的样子，就能感到无限的快乐。因此我们需要为自己的情绪负责，而不是让孩子来为我们买单。

情绪稳定的父母，懂得真实地表达自己的情绪。倘若孩子在我有消极情绪，或者自己状态不好的时候来找我，我会告诉孩子："亲爱的宝贝，妈妈今天心情不是很好，你暂时不要和妈妈说话。请让我自己待一会，我怕自己情绪不好，对你失去耐心，从而会发脾气伤到你。"

每次当我这样和孩子说，他就会默默地走开。这样，我就有足够的空间和时间处理自己的情绪，不会肆无忌惮地把孩子当作发泄情绪的对象。同时，孩子也会感受到我对他的尊重，不用担心因为说错话做错事惹妈妈发脾气。

我们对孩子的爱和付出，带着太多期待，因为我们总是觉得自己为孩子付出了很多，牺牲了很多，然后我们就会渴望孩子让我们开心。这显然是不合理的。

因此，情绪稳定的父母，懂得为自己情绪负责。

情绪稳定的父母，明白自己的情绪和孩子无关。

02

记得有一次，明明是我自己因为压力太大所以非常烦闷，但是我却没有去表达，一直把情绪压抑在心底。

哪知道吃饭的时候，孩子盛了一碗饭，结果不小心把碗摔碎了。

顿时，我火冒三丈，吼了孩子一顿，孩子瘦小的身体都在发抖。看着孩子，我知道自己刚才的言语吓到孩子了。

看着他惊恐的眼神，我意识到自己并非是因为孩子摔碎碗而生气，而是自己本来就心情不好。

于是，我走过去温柔地看着孩子，对他说："亲爱的宝贝，很抱歉，妈妈今天心情不好吼你了。妈妈吼你和你摔碎碗没有关系，是妈妈自己心情不好。"

孩子一边哭一边说："对不起妈妈，是我惹你生气了，我不应该把碗打碎。"

我把孩子轻轻拥入怀里，对他说："妈妈知道你很自责很愧疚，你也不想打碎碗的，对吗？你也为打碎碗这件事情很难过，很生自己的气，对吗？"

"是的！怪自己为什么不拿稳。"

"嗯，宝贝，妈妈生气其实和你没有关系，妈妈自己今天本来心情就不好。我相信你下一次一定会把碗拿好的。"

孩子躺在我怀里哭了一会儿，很快擦干眼泪，对我说谢谢。随后自己拿起扫把，收拾残局，根本无需我去交代。

我们之所以会胡乱向孩子发脾气，其实是因为我们的内心本就充满焦虑担心的情绪。我们不懂得照顾好自己的情绪，自然会因为孩子的一点点小错误，就大发雷霆，把情绪发泄在孩子身上。

内心强大的父母不会让情绪主导自己，他们懂得让自己冷静下来。

仔细想想，当我们心情好时，看到孩子打碎碗，我们还会如此的恼怒吗？只有当我们心情不好的时候，才会把孩子犯的一点错误，无限放大。

当我们学会控制自己的情绪，才能和孩子愉快地相处，带给孩子满满的幸福和快乐。

拥有情绪稳定的父母，是孩子最大的幸福。

等待孩子自己克服恐惧情绪

01

"我的孩子，很怕去陌生的环境，不怎么喜欢和同龄孩子沟通……"

"我女儿胆子很小，晚上不敢一个人睡。"

"我的孩子一遇到困难就哭，不愿意去尝试。"

孩子胆小、缺乏安全感、容易畏惧困难……这些都是孩子性格的一部分，孩子所需要的是被父母接纳这部分性格。倘若我们总是想改变孩子这种性格，就会让孩子产生恐惧和焦虑的情绪。

我儿子4岁前，晚上睡觉一定要开一盏灯，上厕所也要我陪在他身边，他才可以安心。

我常常想，我明明每天晚上都会给他讲故事，陪他看绘本等等，花了很多时间去陪伴孩子，为什么孩子还会感到不安和害怕？

很长一段时间，我认为孩子之所以如此胆小，要归咎于我和他爸爸离婚这件事。因此，我对前夫有很大的怨气。

由于我对孩子心存愧疚，所以我经常会不自觉地过度关爱孩子。

有的时候过度关爱，也会对孩子造成心理压力。

我花了很多心思，想通过各种隐喻的故事、巧妙的语言来化解孩子的恐惧，然而都没有起到什么作用。这些努力，并没有让孩子从恐惧中走出来，反而让孩子变得更加的不自信。

虽然我看到了孩子眼里的恐惧和不安，但是我并没有真正地去读懂

孩子的内心，我所有的努力，其实是在不断暗示孩子不能有恐惧。这种无形的压力，会带给孩子更大的不安，孩子自然就很难克服恐惧。

其实，孩子有恐惧并不是什么大问题。不允许孩子有恐惧，意味着剥夺孩子经历恐惧的权利。所谓的爱，不仅仅是要爱孩子的好，同时也要爱孩子的不好，这样的爱才是一份完整的爱。

学习的好处就是，能帮助父母快速走出误区，转而用正确的方法养育孩子。

在接下来的日子里，我只是尽力去陪伴孩子，静静地等待孩子自己从恐惧中走出来，我相信孩子会用自己的方式，找到属于他的勇气和力量。

每次孩子想要开灯睡觉，或者是在上厕所时需要我陪，我都会对孩子说："妈妈在这里，我一直在你身边陪着你，你不用害怕。"

我希望通过这样的方式，给孩子一份安心踏实的感觉。

但是孩子会不断地说："我很害怕，妈妈你一定要陪着我。"

这时，我都会很温和地对孩子说："我知道你在担心、害怕，当我们身边的环境发生改变，我们有不确定，会担心是很正常的。妈妈也体会过和你一样的担心和恐惧，当我害怕的时候我会听音乐或者跟别人打电话。不知道妈妈分享给你的缓解害怕的方法，对你有没有帮助？当然，你可以有担心和害怕的情绪，妈妈会一直陪着你。"

我没有因为孩子胆小，就去批评孩子，我只是告诉他，我能体会他的心情。

没多久，孩子就从充满焦虑和担心的状态中走出来了。

经历恐惧，并不会让孩子失去信心，这反而是一个帮助孩子获得勇气和自信的好机会。

当孩子面临恐惧时，父母对孩子最好的帮助就是等待和接纳。

等待孩子自己克服恐惧，无论多久，父母都要相信孩子可以从恐惧中走出来，这样孩子才有机会成长。

02

孩子之所以缺乏抗挫折的能力、缺乏安全感等等，不一定是孩子的生活突然发生剧变引起的，而是在成长过程中累积起来的。那些在我们父母眼里不算什么的小事，恰恰是孩子最在意的。

比如，孩子玩积木时，堆着堆着积木就倒了，孩子因为挫败感而伤心地哭了起来；

又比如，孩子玩滑梯时，每走一步就会回头看一眼，走到滑梯顶端还会不停地喊："妈妈，你过来陪着我。"

孩子无法理解"失败是成功之母"的意思，也无法明白"勇敢地战胜自己"这种道理。他（她）所能感受到的就是挫败和伤心，但这是孩子成长的必经之路。我们父母无法帮孩子体验这些感受，也不需要代替孩子去承受这些挫折。当孩子遇到挫折，而变得伤心、恐惧时，父母能做的只有陪伴。

当孩子堆的积木倒了，我们不需要帮助孩子重新堆；当孩子对滑梯充满恐惧时，我们的鼓励对孩子来说，也只是隔靴搔痒，起不到太大的作用。

即使当时孩子会迎合父母的期望去完成某件事，但他们心里的无奈和恐惧并没有消除，因此这种勇气并不会持续太久。

让孩子克服恐惧，最好的方式就是放手让孩子自己去体验，同时在这个过程中耐心地陪伴孩子。父母还可以对孩子说一些类似于"我知道你很担心、很害怕。我会在这里陪着你……"这样的话，让孩子感受到我们对他（她）的爱。

我们无法代替孩子体验恐惧，更何况让孩子感受恐惧，并不是一件坏事。我们每个人在成长过程中都会经历"恐惧"。

只有经历过恐惧，孩子才能获得克服恐惧的勇气，允许孩子去体验恐惧，这是父母最具智慧的爱。

不过，当父母自己也带有恐惧和焦虑的情绪时，自然无法承载孩子

的恐惧、焦虑和不安。

有时候，不仅是孩子会经历恐惧和害怕，我们每个人都会产生这种情绪。因为在成年人的生活环境中，任何一件不愉快的小事，都能引发我们的恐惧和不安。

记得我儿子刚上初中时，每次大考前，他都很紧张很害怕。考完之后，他又对考试成绩不满意。他总是觉得自己应该可以做得更好，然后就会开始责备自己。

看着孩子焦虑的样子，说我不心疼不担心那是假的。但是，我知道，对于孩子而言，他需要的不是父母来教导他如何做，或是给他讲过多的道理，而是一份陪伴。

我对孩子说："我知道你很紧张，在你们这个年龄，面对考试难免会害怕和焦虑，但是妈妈会陪着你，与你一起面对这份焦虑和恐惧。"

最后，我儿子自己找到考前紧张的原因，并且想办法克服了这个困难，现在也变得越来越有自信了。

想要让孩子自己克服恐惧，父母的耐心等待和陪伴，真的很重要。

倘若孩子一遇到小挫折，父母就代替孩子解决这份困难，那么孩子将来在面对困难时，就容易产生恐惧。

如果父母把孩子的恐惧情绪看作问题，用力去修正，那么孩子就会丧失成长的机会，无法学会调整自己的情绪，也对外界的人和事缺乏信任，从而失去探索世界的动力，过分依赖父母。

看完我上面所说的话，可能有些父母会觉得，既然如此，就让孩子承受更多的挫折，感受更多的恐惧，这样孩子就能变得更坚强更独立了。

这并非不妥，但要注意，在经历挫折时，孩子会产生许多负面情绪，并不是只有恐惧这一种感觉，过多的挫折可能会打击孩子的自信，所以我们父母最好不要人为地给孩子制造挫折。

孩子在克服恐惧情绪的过程中，最需要的就是父母温暖的拥抱、坚定的支持、温柔的陪伴和耐心的等待。

别让孩子成为你炫耀的工具

01

有一次，在我们"成长团体"的聚会中，我发现一位妈妈的脸色很不好。大家都在欢乐地分享自己的成长、变化，分享自己孩子的进步，唯独她一直保持沉默，显得分外忧愁。

我问她："我注意到你一直没有参与大家的讨论，能跟我说说，你怎么了吗？"

她气呼呼地说："老师，你不知道我的孩子有多糟糕，他太不让人省心了，我的面子都被他丢尽了。"

我问："发生了什么事，让你这么生气？"

"很多，老师反映这孩子太活泼，总喜欢搞些无厘头的东西。带他去亲戚家，人家说自己的孩子名列前茅，我都不好意思插话。我孩子成绩那么差，他还自我感觉良好……"

我们都希望孩子能让自己在亲朋好友面前挣足面子，好显得我们做父母比较成功。

我们总认为自己的孩子有很多不足之处，别人家的孩子永远比自己的优秀，所以我们会希望自己的孩子成为世界上最好的孩子。可是只要有比较，这个世界就不会有所谓最好的孩子。

我们往往会对孩子的成绩、表现设置一个标杆。当孩子没达到我们的要求，让我们在朋友面前丢面子时，即使我们当时忍着没有对孩子发脾气，事后也会因为孩子犯的一点小错误而情绪失控。

以前在幼儿园工作时，我常常能听到这样的声音——

"你看看人家多大方，你就不能学学人家吗？见到老师一定要给老

师问好，不能给妈妈丢脸知道没有？"

一旁的孩子则是低着头，一声不吭。

幼儿园家长开放日，家长来观察孩子们在幼儿园的学习、生活、娱乐等。大部分孩子在玩游戏的时候，都会积极参与；上课的时候，孩子们也会争先恐后和老师互动。

可是总有那么一两个孩子，与集体格格不入。也许是因为情绪不佳，又也许出于害羞，总之无论什么环节，他们都显得不积极、不配合。

这时，有些家长就会开始着急、生气，拼命地数落自己的孩子。

"快举手回答老师问题，你怎么这么没用。"

"快去表演一个节目，不然妈妈要生气了。"

有些父母看到别人家的孩子那么积极、那么能说会道，就希望自己的孩子也能表现得和其他孩子一样好。可是一旦孩子没有表现出他们期望的样子，他们就会认为自己的孩子笨、不听话、不争气。

其实，每个孩子都是独一无二的宝贝。有的孩子天生喜欢安静，有的孩子却生性活泼……如果在孩子的成长过程中，父母对孩子寄予太多期待，渴望孩子满足我们的虚荣心，我们就特别容易着急上火，对孩子诸多挑剔。

开放日那天，有个孩子令我印象深刻，他原本也是安静地在一旁看着大家玩游戏，然后被妈妈数落了一顿。后来老师鼓励他，给他擦干眼泪后，他就准备参与到活动中。

哪知道这孩子的妈妈突然一下子拽起孩子，对他又打又骂："你怎么这么没出息，一个男孩子还哭。走，回家去，我没有心情陪你一起在这里丢脸。"

我们老师还没有反应过来，家长就拽着孩子走了。

那一刻，孩子的妈妈陷入了愤怒的情绪中，无法听进任何人的劝导，她脑海中只剩下一个念头，就是孩子没有按照她的要求做，让她没面子。

然而，一个孩子是否优秀，是无法用特定的标准去评定的。优秀的定义本身就很宽泛，倘若完全按照世俗的模式来评定孩子，那么很多孩子都无法称之为优秀。

孩子是否愿意当众表演唱歌，是否表现得积极活泼，其实与他未来能否成功没有多大关系。如果父母眼里优秀孩子的标准，就是让孩子满足自己的虚荣心，为自己挣足面子，那这个孩子长大后，就容易成为表演型人格，没有自我。

父母除了需要耐心陪伴孩子，与孩子好好说话，还需要放下所谓的"面子"，真正地去尊重孩子这个人。

02

当孩子获得足够的尊重，他会用自己的方式带给我们惊喜。

我们常常能看到父母在公众场合数落孩子，这样其实会伤害到孩子的自尊。

有一次我去参加朋友的婚礼，一位母亲非常骄傲地告诉大家："我的孩子 2 岁会背唐诗，4 岁会算术，钢琴舞蹈样样精通。"

我看着她的女儿，6 岁不到，打扮得非常精致，正在甜甜地对每个人打招呼、鞠躬。

最值得我们骄傲的，从来都不是孩子会多少技能，能背多少首唐诗，得到多少名次，而是孩子能够保持自己的独特之处，发展自己的天赋。

女孩的妈妈让她唱歌、跳舞、背唐诗，孩子都非常配合，赢来阵阵掌声。

倘若妈妈没有让她坐下，她绝不坐下。妈妈给她夹什么菜，她都大口大口地吃，还不停地道谢，惹得旁边的妈妈们好生羡慕，急忙让这个妈妈传授育儿经验。

看着孩子妈妈一脸陶醉的样子，我不免为孩子感觉到心疼。

饭后，大人们聚在一起闲聊，孩子在外面玩耍。

这时，一阵哭声吸引了大人们的注意力。

我们过去一看，发现是刚刚那个人人夸赞的孩子打了另外一个孩子。

还没有来得及听孩子们诉说事情经过，这个孩子的妈妈就严厉地训斥起自己的孩子："妈妈是怎么教你的？你错了没有，知道自己错在哪里吗？"

小姑娘噙着泪水，一边低头玩弄自己的裙子，一边轻声说："我给妈妈丢脸了，我不是乖孩子。"

听到小女孩妈妈当着众人的面，批评孩子，似乎在向大家宣告"我这样是在教育孩子"。

孩子一直低着头，不敢哭出声，眼泪"啪嗒啪嗒"往下落，身体不停地颤抖。我能真切感受到，孩子这一刻所有的悲伤和难过，以及被当众批评的羞愧感等等。

妈妈当着大家的面教育孩子，其实会伤害到孩子的自尊心。正因为妈妈是孩子最信任的人，所以当她严厉地质问孩子时，会带给孩子最大的孤独和无助。

我走过去蹲下，塞给孩子一张纸巾。孩子看了我一眼，小声地对我说："谢谢阿姨！"然后自己默默地擦眼泪。

孩子乖巧的模样让我心疼，许多父母认为，趁孩子还小，我们可以像捏橡皮泥一样，把孩子塑造成我们所希望的样子。

然而，孩子终究会长大，会有自己的想法。等到那个时候，孩子就会对我们给他做出的安排，充满怀疑和愤怒，从而产生与父母对抗的心。也是因为这样，我们才会觉得孩子到了某个年龄段，就会显得格外叛逆。

因此，无论孩子犯了什么错，父母都不应该当众教育孩子，让孩子无地自容，这对孩子来说很不公平。

养育孩子，究竟是为了面子，还是因为爱？孩子有权利去体验生命的成长过程，从而成为完整而独立的自己。

孩子不是物件，他（她）来到这个世界，不是为了满足谁的虚荣心。

想要真正地做到尊重孩子，首先要学会平静地面对，孩子让我们"丢脸"这件事。

曾经有个孩子对我说："我最怕过年了。"

我问："为什么？"

孩子说："大人们都是谈自己的孩子考了多少分、获得了什么奖项，我就很无地自容，因为我成绩不好，也没拿奖。爸妈觉得在亲朋好友面前丢了面子，回家就拿我出气。"

这个孩子的话其实代表了很多孩子的心声，我小时候也非常害怕这样的场合，父母都是在谈论孩子，但却没有考虑孩子的感受，维护孩子的自尊。

其实，每个孩子都渴望自己变得更优秀，并且为之付出努力。

因此，不要因为我们的"面子"，伤了孩子的自尊，从而让孩子失去前行的动力。

时光无法倒流别让孩子心碎

01

父母培养孩子的过程，也是一个自我认识和自我成长的过程。

当父母给孩子付出爱的时候，不仅能让孩子的心灵获得成长，父母自己的心灵也能获得成长。

真正爱孩子的父母，会为了孩子的成长而改变自己，他们会放弃自己错误的观念，改正自己的缺点。

在这个过程中，不仅孩子会受益，父母同样会受益。

但是，当父母认为孩子犯的错误就是孩子自身的毛病，或者是学校不好、社会不好、教育体制不好等等，把原因归于外部的世界和人，就

会让孩子备受压抑，孩子的天性也无法获得正常的发展。

一位妈妈因为孩子上了初中之后，成绩一落千丈，所以带着孩子找到我，希望我可以让孩子重新树立很好的学习态度。

这个要求，说实话，我无法给出承诺。

孩子身高都快 1 米 8 了，然而，他整个人给人一种了无生机、吊儿郎当的感觉。

虽然孩子全身都是品牌，但是因为他不修边幅、头发凌乱的样子，给人感觉很寒碜。

从和妈妈进来的那一刻起，孩子始终耷拉着头，一句话也不说。虽然他看似无所谓，然而孩子一直不停搓着双手，我可以感受到孩子其实很紧张。

他妈妈一边帮孩子整理仪容，一边说："你说话啊，告诉老师你今天为什么来。"

孩子低着头，盯着地板沉默不语。

青春期的孩子应该是充满活力的，然而这个孩子死气沉沉，冷淡得让人感觉很压抑。

房间里气氛沉重，可以看得出家长很尴尬。

于是家长对我说："老师你看，我要他去理发，他不肯去，这头发多难看。还有他可以一个星期甚至更久不洗澡，这怎么能行？还有……"

我打断家长的话，让她暂时离开一会儿。从短短几句话中，可以看得出妈妈很担心我会因为孩子如此邋遢，就认为她不是一个很称职的妈妈，所以急忙对此做出解释。

因此，我认为问题的根源并不在这个孩子身上。

当我们把孩子当作一个私有财产、一个物品时，内心其实就是希望孩子成就我们，让我们有面子，但是这对于孩子来说，是很沉重的一件事情。

有些问题表面看起来是孩子急需要改正，可是其实需要去改变的是父母。

父母没有活出自己，没有拿出勇气面对真正的自己，孩子就会出大问题。

当下孩子这个人才是最重要的，而不是把咨询目的放在改造孩子身上。当下最重要的不是提高孩子的学习成绩，而是让孩子恢复青春期应有的活力。

02

家长离开后，我和孩子开始交流。

"能告诉我，你今天早上怎么来的吗？"

"她开车带我来的。"

妈妈本来应该是孩子最温暖的港湾，可孩子在交谈中直接用"她"来称呼妈妈。

我想如果不是心里失望到极致，孩子是不会这样称呼自己妈妈的。

"你是自愿来的，还是妈妈要你来的？"

"她要我来的，每天碎碎念。我就想来一趟吧，应付下她就可以了。"孩子说完，撸起袖管。

看见孩子两条手臂的那一刻，我很吃惊。因为孩子手臂布满了烫伤的痕迹，新伤旧伤都有。

"这是我自己用烟头烫的，每次烫完有疼的感觉，就觉得自己还活着。"孩子一边不停地抠着这些伤痕，一边自言自语。

"不过，她不知道。反正她根本不在乎我，哪里管得上我？很讽刺，我这样烫伤自己已经有很长时间了，她居然从来没有发现。我夏天也穿长袖，她居然完全不问我为什么穿长袖。"

看到孩子手臂的烫伤痕迹，我不知道用怎样的方式可以让这个孩子给我哪怕一点点的信任。虽然这不是我第一次看到孩子自残的样子。

同时我想孩子虽然是看似不经意撸起袖子，但其实是渴望一份爱的滋养。孩子与我有这样的缘分相识，那么我唯一可以做的就是去爱当下的他。

于是我问："所以你很难过，很失望，对妈妈充满很大的愤怒对吗？你希望她如何做？"

"我不知道，也懒得知道。"

我看了下他，发现他偶尔用眼角余光偷偷看我，只是他不想让我知道他在看我。

想想，一个孩子开始用自残的方式对待自己，内心其实是多么悲痛、失望、无力、迷茫、心碎和绝望。

当这些情绪积压在心里太久，没有一个合适的出口，孩子的活力和张力也会变得越来越弱。

"其实，我让她伤透了心，就像今天来到这里，也是她和我说了很多很多次，我看到她那么伤心，那么难过，想想就来了呗。"

"我猜，你不是故意伤妈妈的心，而是你渴望被妈妈理解，渴望她对你多一份信任，对吗？"

孩子的身体抖了一下，沉寂许久，抬头看了我一眼，继续低着头。

"小时候她动不动就吼我，甚至还打我。只要我做得不好，没有达到她的标准，就会对我怒吼。然后她只知道忙工作，脑子里只有赚钱，我不明白赚那么多钱干什么？看，这是她给我新买的苹果8手机，其实我一点也不稀罕。"

"听起来，你为了让妈妈开心，得到妈妈的认可，做过很多努力，对吗？"

"是的，但是她始终不满意。"

"因此，你失望了，开始放弃了，或者说开始放弃自己了？"

"是的。"

"我猜，其实你很不喜欢现在自己的样子，对自己也有不满意，也想改变自己的状态。今天你过来我这里，其实你自己也想重新找到为自己活的方式，只是不确定用怎样的方式改变，不想这种改变是为了迎合妈妈，所以想在改变自己和迎合妈妈之间找个平衡点……你还是很爱妈妈的，对吗？"

"可是，她不这么认为。她觉得我就是故意让她伤心、难过。"

说完，孩子突然放声大哭，身体不停地颤抖。

我想此刻最好的方式，就是陪伴孩子，让他把这股压抑在心里的情绪释放出来。

孩子哭了很久，之后他一边擦着眼泪一边对我说："老师，对不起，我失态了。"

"孩子，不用为自己的情绪道歉。我很感激你对我的信任，愿意把自己脆弱的一面展现给我。如果你愿意，可以让我看看你吗？"

当孩子缓缓抬起头，我与他眼神交汇的那一刻，我流泪了。

孩子的眼神看起来很呆滞，但我能捕捉到他来自心灵深处的渴望，虽然孩子表面看起来无所谓的样子，其实他心灵深处极其渴望爱和温暖。

对于正在成长中的孩子来说，父母最应该给予的是爱。

爱的核心是帮助孩子拥有独立的人格，而不是依附于父母；爱是让孩子勇敢地去追逐自己的梦想，而不是让孩子替我们圆梦；爱是让孩子自己去体验生活。

真正爱孩子，就要尊重孩子，尊重孩子的意愿和感受，尊重孩子做的决定。

爱孩子的终极目标，不是要成为孩子生命的中心，而是逐渐从孩子的生命中心抽离，让孩子走自己的人生旅程。这样的爱能促进孩子人格独立、心灵的成长，同时也能促进父母自己的心灵成长。

03

很多父母说："孩子上小学时，一直是阳光活泼、听话懂事、成绩优秀的好孩子，我不明白为什么到了初中就像换了一个孩子。"

其实，并不是孩子突然就变成了这个样子，而是当孩子想要告诉我们，他心灵深处的渴望时，我们忽略了。

父母只关注孩子那些不好的行为，并且为此着急上火，生气恼怒。慢慢地，孩子就对我们关闭了心门。

就像今天这个来做咨询的孩子一样，他不是一下子就从乖孩子变成叛逆少年的，而是对妈妈彻底失望后，才变成这样的。

我继续和孩子交流，问他："你最喜欢做什么？或者你最崇拜的人是谁？"

"我最喜欢画画，感觉画可以表达我的思想情感，也可以让我纠结矛盾的心慢慢平静下来，不过她不喜欢，觉得这是浪费时间。我喜欢研究一些关于人类进化的东西，她就觉得我不切实际。她希望我成为 IT 精英，觉得这样才有面子，才有骄傲的资本，但我不这么认为。"

孩子是父母的一面镜子，映射着父母的心灵，也映射着父母的思想水平。当我们的观念跟不上孩子的潮流，其实很容易在孩子的成长路上拖孩子后腿。

"听起来不错，我倒是可以推荐你看一些这类型的书籍或者电影，比如《星际穿越》《异度空间》等电影，克里斯多福·孟系列书、克里希拉穆提系列书等等。"

孩子马上眼睛一亮，瞬间打开了话匣子，开始讲解他所理解的四维空间，开始畅谈他未来想要干什么。

孩子越说越神采奕奕，那种自豪和满足感藏都藏不住。

我仿佛看到孩子那颗原本死寂的心灵，开始洋溢着一股生命的喜悦和热情。

我和孩子的交谈结束后，妈妈看着孩子带着满脸的笑容走出来，愣住了，似乎不敢相信站在她面前的是她的孩子。

我觉得很有必要和妈妈单独聊聊，于是我对孩子说："孩子，我需要和你妈妈单独坐一会儿，可能需要你在外面等一会儿。"

妈妈一进门，急急忙忙问我的第一句话是："怎样？他为什么学习不积极，成绩下滑？"

我很无奈地看着她，对她说："我想当下你所要关心的不是孩子的成绩，而是孩子这个人。你有注意到孩子夏天都是穿着长袖，从来不穿短袖吗？"

很明显，妈妈完全不知道。她想了很久才说："好像是的，他说不喜欢穿短袖，所以我也没有在意。"

我要哭了，真的。同样作为母亲，听到家长这样说，我真的是很难过。出于对孩子的心疼，我完全能体会孩子的心碎。

"你可知道，孩子之所以不穿短袖，是因为他手臂上全是烟头的烫痕，你可知道孩子渴望你看到同时害怕你看到，因为他担心你会教训他，但是他又渴望你懂他；你可知道多少个日夜，孩子独自面对着孤独、心碎、纠结和难过……"

我还没有说完，妈妈就失声痛哭，几乎快要背过气。

"我想知道，你最近一次对孩子说我爱你是什么时候？最近一次拥抱孩子是什么时候？最近一次陪孩子是什么时候？最近一次对孩子发自内心地赞美是什么时候？"

这些看似再平常不过的问题，其实都是引发孩子心灵走向孤独和失望的原因。

"我想了很久，好像孩子上了小学之后，我就没有抱过他，对他的赞美也是出于目的，平日忙于事业，我都是把他交给托管班，或者让他一个人在家。"

"如果可以，我希望时光可以倒流，让我有机会用心去感受我孩子的内心世界，守护好他，不让他一个人面对如此多的心碎。"

一切的一切都还来得及，与其在愧疚自责悔恨中度过，不如让我们自己成长起来。成长为一个优秀的父母，才能撑得起孩子如此宝贵的灵魂。

咨询结束后，母子俩紧紧抱在一起，两个人痛哭流涕。

我不知道他们多久没有这样拥抱了，也不知道他们多久没有如此真实地向对方袒露自己的情感。

04

父母的观念跟不上孩子的思维，我们和孩子之间的关系就会慢慢走向疏离。

养育孩子是一个让我们看清自己的好机会。父母和孩子，不应该是彼此伤害的关系，而应该是相互陪伴、共同成长。

当我们学会为自己的生命负责，学会接纳自己生命中不够完美的部分，自然就会允许自己的孩子存在不足之处。

当然，每个人对于教育的观点都是不同的，适合自己孩子的才是最好的。

可能有时候我们自认为对孩子最好的东西，孩子可能不需要，对孩子而言，他也许需要的仅仅只是一份爱与接纳。

今天父母对孩子付出的爱，终有一天会让孩子成长。爱能让孩子更有力量、更有智慧，也会让孩子能够微笑着面对自己生命的每一个阶段，同时从这些人生经历中收获对自己有价值的东西，活出自己有价值有意义的人生。

作为父母，我们唯一能做的就是用爱去陪伴孩子、引领孩子，在孩子迷茫痛苦，遇到挫折时陪伴孩子那颗受伤的心，帮助孩子变得更加强大。

未来的路还是属于孩子自己的，并不是每一次孩子遇到挫折和心碎，我们都能在孩子身边，但至少孩子知道我们是可以让他安心的。

生命的经验是无法传承的，只能由孩子自己去体会。

不要以爱的名义去伤害孩子

我都是为你好

我这么辛苦还不是因为你

孩子，让你学更多

是为了让你将来有更多优势，更多选择

让你不要输在起跑线上

这样的话我们并不陌生

有的时候

当孩子开始与我们对抗

我们用所谓的爱来告诉孩子

我是为你好

好让孩子理解现在对他的一切要求

都是让他拥有更好的未来

吼过自责过，焦虑无助过

哭过痛过

最后会安慰自己

我所有的辛苦和付出

直待孩子未来长大有所成就

他就会明白我的一片苦心

所有的一切就值得了

真的是这样子吗？

很多时候
我们的爱会给孩子沉重和压力
所谓的爱
只是我们父母借着爱的名义绑架了孩子
又或者说是满足自己的某个需要
弥补一些所谓的遗憾
伤害了自己也破坏了关系

做父母
把自己的快乐和成功交给孩子
原本美好的爱
也会显得无力和疲倦
我们的心情
也会随着孩子一举一动而跌宕起伏

当孩子很好我们会很开心
当孩子不能如我们所愿时
我们焦虑，挫败，烦躁
无法理解孩子为什么看不到父母的不容易
非要辜负我们一番美意和爱
只是因为这份爱太沉重
因此孩子的世界慢慢向我们关闭
不是不爱了
而是爱得太痛太艰难

孩子是我们的最爱
这份最爱却带给彼此最深的伤害
只因用爱绑架了彼此的自由
真正的爱
是透过孩子这面镜子
看到自己的真实
用最好的养料滋养自己
让自己成为爱的所有

真正的爱
是父母每一天都活在快乐里
看到处处美好
当我们沐浴在爱里
活出自信和勇气
活出生命的热情和希望
给孩子足够的空间
在他生命每一段中
用爱来滋养
孩子自会呈现最好的自己

第四章

孩子，其实我知道你很努力

别再让批评伤害孩子的自尊

01

孩子难免会犯错；难免会有坚持自己想法的时候；难免有和父母完全不一致的习性和喜好。

很多父母，在孩子进入青春期后，就觉得自己越来越不懂孩子心里在想什么，越来越不知道如何和孩子沟通。孩子长大后，就不再愿意和父母谈心了，难道孩子已经到了叛逆期？是不是过了这个年龄段自然就会好了？

孩子与我们越来越疏远，可能并不是因为到了叛逆期，或者和父母有了代沟。而是因为在孩子的成长过程中，父母批评孩子的次数过多，或是在某些事件中对孩子造成了无法挽回的伤害，所以孩子才会开始逐渐疏离父母。

记得我小时候不喜欢吃猪肉和鸡肉，每当桌上出现猪肉和鸡肉时，父母就会说尽好话和道理，非逼着我吃下它们才肯罢休。

我想，大多数父母都试过逼孩子吃那些所谓对身体有益的食物，也试过打着为孩子好的旗号，逼孩子去报一些提升气质、修养、成绩等等的辅导班。

那时的我，一看快到吃饭时间了，就尽量躲在房间拖延时间，等大家吃完饭再出来。哪怕最后我只能吃些剩饭剩菜，心里也觉得这样至少比吃自己不喜欢的食物要好。因为我不喜欢吃肉，所以父母硬生生给我贴上了一个标签：挑食！

第一次听到父母说我挑食时，我非常生气，心想，我不过是不喜欢吃肉而已。可是迫于父母的权威，我不敢表达出自己的真实情绪。

每逢要走亲访友，就是我最痛苦最难熬的时刻。因为那个时候，亲戚家必然会准备丰盛的菜肴，比如鸡汤红烧肉等等。

其他小孩都吃得欢天喜地，唯独我看着碗里的鸡汤和猪肉发呆。

父母看到别人家的孩子吃得那么高兴，自然对我的"挑食"更加窝火，不停地催促我快点吃，还当着很多亲戚朋友的面说："你这孩子怎么这么挑食？"

听到父母又说我挑食，我心里感到既难堪又不舒服，恨不得找个地洞钻进去。

长大后，旁人随口一句"你怎么这么挑食"，都可以让我不舒服很久。如果是伴侣指责我挑食，我一定会立刻与他理论。

我想对各位父母说，不要让你的批评影响孩子对自己的认知，当孩子认为父母的批评不正确，孩子就会在这点上，与父母抗衡一生。倘若孩子有机会学习如何面对自己的情绪，还可以从困境中走出来，化解内在所有的愤怒，可惜大多数孩子都没有这个机会。

由于父母的批评和我不爱吃肉的表现，导致所有人都认为我挑食，从而给我讲各种道理。有时候，听到别人这样指责我，我就会开始自我怀疑。慢慢地，我反而从不爱吃肉，演变成连很多种类的蔬菜也不爱吃了，到最后，我真的就成了名副其实挑食的孩子。

孩子最终之所以会变成父母最不想看到的样子，并非真的是父母了解孩子是什么德行的，而是当孩子做出一些不符合父母标准的行为时，就会被父母看作不正常。父母越是急于纠正孩子身上的"问题"，孩子就越是抗拒改变。

我父母一直都不明白，为什么我越来越不愿意去走亲访友；为什么我总是磨蹭到大家快吃完饭才过来吃饭；为什么我的作业就那么多……

那是因为父母不曾听过我的心声，就给我贴上标签，导致我不愿意再向他们敞开心扉。

虽然我明白他们的本意是想让我均衡营养，但是这份爱过于着急和焦虑，他们过多的批评，反而让我越来越不舒服。

02

有家长问："怎样才能读懂孩子的内心世界？"

其实，想要做到这点并不难，方法不是最重要的，真正重要的是父母自己的状态。

孩子同样的一个行为，父母状态好的时候，对孩子就会相对宽容许多，觉得那都不是事儿，经常是说一两句就算了。但是当父母状态不好的时候，就会完全不能接受和理解孩子，容易对孩子发泄情绪，对孩子进行各种批判式的言语攻击。

所以父母需要照顾好自己的情绪，让自己时刻保持一个温和稳定的状态。当父母情绪不稳定，充满焦虑，极度愤怒时，我们会无法控制地说出伤害孩子的话。

当孩子不听话时，父母要学会照顾好自己的情绪，不应该先入为主地认为孩子有问题，更加不要批评孩子。我们可以在心里默默告诉自己："我允许孩子和我不一样，我允许孩子有独特的习惯！我的孩子是OK的，一切都是OK的！"

等到自己心情平静下来，父母再用更合适的方式去和孩子沟通。这样，我们就有机会真正读懂孩子，了解孩子。

记得我儿子有段时间特别爱喝可乐，每次我去接他放学，他都会嚷嚷着口渴，甚至非常夸张地说："我渴得嗓子都冒烟了。"

每次走到卖水的地方，他都是兴冲冲地拿起一瓶可乐，我则毫不客气地把他的可乐换成矿泉水，然后告诉他："可乐不解渴，而且还会越喝越口渴。"我还给他讲喝可乐对身体有什么坏处。

孩子每次都是一副要把矿泉水瓶盖拧破的样子，狠狠拧开后只抿一小口就不喝了。回家路上闷闷不乐，走路也不好好走。

我完全忽视了孩子的感受，也没有去思考他这种行为背后的原因，

就在心里给孩子贴上了一个又一个不好的标签：浪费、好动、嘴馋、不知道体谅妈妈。

但是其实孩子不过是想喝一瓶可乐而已，到了我这里，他就好像犯了什么天大的错误一样。

孩子这样的行为持续了很久，直到有一天我听到一句话：快感来自压抑，越压抑越持续。我突然意识到孩子之所以每次放学喊口渴，并不是真正口渴，而是因为他的需要没有被满足。

如同当年，我不喜欢吃肉被说挑食的情况，我所抗拒的并不是食物本身，而是父母对待我不喜欢吃肉的反应和态度。

当我有了这份自觉，我对孩子的这个行为，就多了几分宽容。

03

后来我去接他放学，孩子依然喊着口渴。我看着孩子走到货架前，默默地看着可乐，又假装不经意地碰倒它，随后带着几分讨好的笑容看着我大声说："我把可乐捡起来啦。"

我过去摸摸孩子的头说："宝贝，你想喝可乐吗？"

孩子看了几眼可乐，怯怯地说："我不喝可乐，喝可乐的孩子不是乖孩子，而且很浪费。妈妈赚钱很辛苦，我不能喝可乐。"

听到孩子这样的回答，我不禁感到几分心酸，觉得自己干了件蠢事。我居然为了一瓶可乐，差一点就让孩子内心种下自己不是乖孩子的种子。不敢想象孩子带着这样的念头长大，以后会变成怎样。想到这里，我特别庆幸自己能及时意识到这个问题。

我蹲下来温柔地看着孩子眼睛说："如果想喝可乐就买，喝可乐不代表你不是乖孩子。妈妈相信你会在合适的时候，做合适的选择。既然你想体会喝可乐的感觉，我们今天买可乐喝。"

孩子睁大眼睛看着我，带着几分怀疑几分掩藏不住的喜悦说："真的吗？妈妈我今天真的可以喝可乐吗？"

我非常坚定地对孩子点点头，告诉孩子："其实喝可乐不是什么不好的事。"

儿子立马兴冲冲地拿起可乐，非常坚定和自豪地对售货员说："这是我妈妈今天给我买的可乐哦。"

孩子那种洋溢在脸上的幸福感和自豪感，让我觉得，我给他买的不是一瓶可乐，而是一个他心仪已久的玩具。

看着孩子可爱的模样，我大胆地下了一个决定：买一整箱可乐回家。

那一天孩子非常欢乐和兴奋，不停地和我说学校发生的各种趣事，甚至一个接一个地给我说他的秘密。我这才知道，原来我是如此不懂自己的孩子。我一个不经意的批评，就让孩子的心灵世界对我关闭这么久，我差点错过了读懂孩子的机会。

有意思的是，那一箱可乐孩子只喝了一半，从此以后他再也没喝过可乐了。他还自己上网查喝可乐对身体的影响，每次查完都非常兴奋地和我分享他新了解到的知识点。

仅仅是因为我放下焦虑和批评，孩子的状态和内心世界就有如此大的转变。我有机会真正懂得孩子，了解孩子的所思所想。同时，我还不经意地激发了孩子自我探索和学习的兴趣。

所以，亲爱的父母，别担心孩子的问题，不用为孩子当下的行为和习惯焦虑。孩子那些看似有问题的行为只是一个表象，真正重要的是孩子行为背后那些没有被看到的情绪和内在需要。当我们能够放下自己的标准和期待，孩子自会用他的方式学习和成长，找到生命的真理。

放下批评，是亲子关系走向和谐美好的桥梁，是父母对孩子最好的支持和爱。

当我们放下对孩子的批评，才有机会更懂孩子。大人眼里所谓的注意力不集中、好动、磨蹭等问题，其实只是因为孩子心里产生了不安和烦躁的情绪。当孩子的心归于宁静了，习惯自然也会跟着好转。

别让你的坏情绪伤害了孩子

01

曾经看到这样一句话：我的父母像个孩子，其实哪有什么父母养孩子，大多数都是孩子养孩子。

最开始看到这句话时，我感触很深。

确实啊，我们看似可以理直气壮对孩子说"我是你爸"或者"我是你妈"，事实上在情感上我们并不一定能担得起这个角色。

也许，我们能够事无巨细地照顾好孩子的生活起居；能够扛得起生活的重担，顶得住压力不断地前行；也能清楚知道孩子身高、体重、衣服尺寸的变化……

但是，这更多的只是说明我们是个拥有独立能力的成年人，并不代表我们一定是个成熟的父母。

所谓成熟的父母，应该是面对孩子时情绪稳定，把孩子看作一个独立的生命个体，而不是私有的财产；成熟的父母，承受得了孩子长大后的"抛弃"，允许并祝福孩子独立成长；成熟的父母，不会和孩子处处较真，斤斤计较；成熟的父母，不需要孩子为我们的幸福、成功、面子、情绪负责任……

著名心理学家西尔维亚认为："这个世界上所有的爱都以聚合为最终目的，只有一种爱以分离为目的，那就是父母对孩子的爱。父母真正成熟的爱，就是让孩子尽早作为一个独立的个体从你的生命中分离出去。"

然而，很多时候我们却无法接受孩子一天天长大，对我们的需要越来越少；也无法接受孩子开始有自己独立的思想和意识。

因此我们很容易因为孩子不符合我们的期待，而感到受伤和愤怒，甚至不甘心。

我们往往是过分关心自己的孩子，生怕孩子走错了路，吃了亏，或者错过什么好机会，总是对孩子很不放心。

说实话，现在的孩子在物质上确实是很幸福，然而在情感上他们其实很孤独，内心很空虚。

因为孩子常常觉得自己被父母监视着：什么时候起床、交什么朋友、什么时候学习……

父母担心手机网络影响孩子前途，殊不知，真正影响孩子的并不是这些外在因素，而是父母在孩子成长过程中，对待孩子时，自己心智成熟的程度。

越是成熟的父母，越不会因为自己对未来焦虑就想方设法去操控孩子的人生。

时代在发展，社会在进步，今天的孩子想要拥有一个好的未来，除了要具备一定的生活技能和丰富的知识储备，我想情感、心智也会对孩子的未来有所影响，而孩子的情绪是否稳定，情商的高低，会受到我们父母的影响。

02

《谈判官》里那个晨曦，有雄厚的家世，住豪宅，开豪车，过着人人羡慕的生活，但是她却不幸福不快乐。

也许我们会说，那是因为她穷得只剩下钱了，不像我们还要挤地铁、吃快餐……有钱人才会有闲工夫去追求心灵的满足。

其实不然，幸福与快乐和金钱多少无关。

晨曦从小都是为妈妈而活，倘若她做得不如妈妈的意，妈妈就会绝食，

还会伤心痛哭，状态低沉。

每当这个时候，晨曦为了哄妈妈开心，只好按照妈妈说的去做，她一妥协，妈妈立马就会好起来。

情感不成熟的父母过于以自我为中心，以至于没有注意到孩子的内心感受。

某种意义上，他们对自己的情感需求，感受也不够敏感，因此也不知道如何在情感层面上给孩子提供支持。

当父母不够成熟，孩子在遇到挫折而产生无力感，不愿意去面对时，父母可能会变得生气、焦虑和着急。他们不去安慰和陪伴孩子，反而会惩罚自己的孩子，对孩子发脾气。

虽然父母这样做是希望自己孩子能够正确看待自己的感受，从消极情绪中快速走出来，但孩子未必能体会到父母的用心。

作为孩子，当父母不够成熟，无法在情感上给予足够的支持，孩子就会感到空虚、孤独，对自己产生很多的批判，会很在意同学的一言一行。

有一次，我给家里搞卫生，因为恰逢梅雨季节，潮气很重，所以顺带给家里做了下空气净化和消毒的处理。

哪知道儿子很不喜欢这样的气味，一直在唠叨。我试图说服孩子，但其实那一刻我并没有真实表达出自己的情感，确切地说，当儿子唠叨我不应该消毒空气时，我所体会到的是不被肯定的孤独和哀伤。

后来，我们发生了激烈的争吵。当儿子拿出一些他不喜欢这个气味的证据和我进行辩解时，我就会对儿子进行批判和言语攻击。

因为儿子对我进行过否定，我就会对儿子所说的视而不见，还觉得他就是矫情。想着：你不喜欢这个味道，你可以回避，我就是要消毒，我是为你好。

现在想起来，我是多么幼稚和滑稽，这个理由听起来冠冕堂皇，其实跟孩子没有任何关系，是我自己内心脆弱的情感占了上风。

然后我气呼呼地对儿子说："我现在不想和你讨论这个问题，你一直向妈妈讨个说法和公平，你这是小题大做。"

说完，我就"砰"地一声，关上房门。

当我走到书桌前，突然感觉这个场景太熟悉了，小时候因为父母懒得理我听我说话，就是像这样把我拒之门外的。

我开始思考，我和儿子在这个事情上产生争执的真正原因，并不是消毒水，而是我没有给儿子机会去真正表达自己的感受。

因为我渴望得到认可，渴望孩子理解妈妈的辛苦，所以用"我这都是为了你和这个家好"这种理由扼杀了儿子的表达机会。

这是打着爱的名号，让孩子满足我的需要，填补我内心情感的空白，但是孩子哪有这样的责任和义务？因此我会不断强调孩子是错的，这意味着我否认了孩子真实的情感。

养育孩子最可怕的是，带着自己曾经的遗憾和梦想，来养育当下的孩子，想让孩子全盘接受父母的观念，按照我们的想法去弥补父母的遗憾，完成父母的梦想。

于是我打开门，轻轻走到孩子身边对他说："宝贝，妈妈为刚才凶你这件事情向你道歉，你愿意原谅妈妈吗？"

儿子说："我也应该向你道歉，我说话太难听了，换成谁都会生气，对不起。"

最终，我们和好如初，恢复到了原本和谐愉快的相处状态。

03

成熟的父母，不会否定孩子的感受；不会因为孩子不高兴而生气；不会因为孩子没有看到我们的付出而失落、委屈。

父母只关注孩子的生理需求，而无视孩子的情感需求时，孩子会感到困惑："我应该觉得快乐，我的生活那么好，我为什么还会感到难过？"

父母自身不够成熟，没有将孩子当成一个独立的个体，在心理上依

赖孩子，甚至有的父母想方设法利用经济支持、生活照顾等筹码来要挟孩子。

如果孩子从小到大都没有自己选择的机会，也没有表达情感的机会，就会变得凡事只会依赖父母，缺乏勇气和力量来为自己做选择和决定。

记得有个来访者，因为孩子不够自信，困扰了二十多年。现在孩子上了大学，对方才发现孩子身边没有什么真正知心的朋友，孩子对待她的态度也是越来越淡泊。

往往父母所说的情况，和孩子所说的完全不一样，因此我执意要见见这个孩子。

我们刚见面时，孩子一直低头不语，对我充满戒备。

随着我们慢慢建立起对彼此信任，孩子才向我敞开心扉。

孩子一脸无助，流着眼泪对我说："我不知道做什么才可以让妈妈开心和快乐，每次只要我想表达自己的看法，妈妈就会哭闹，说我不理解她有多么不容易。然后她就开始诉说自己多么艰辛，抱怨爸爸和奶奶对她多么不好……我感觉自己快要崩溃了，但我只能擦干眼泪，去安抚妈妈。可是，我还是个孩子啊，又有谁能够明白我心里的痛苦？"

我不知道作为父母的你，听到孩子这样的话会有怎样的感受。

作为父母，真正的爱孩子，要学会放手，学会成为自己情绪的主人。

成熟的父母，会把孩子当成是一个跟自己一样独立的生命去尊重，而不是任自己情绪失控，向孩子索取爱。

成熟的父母，能够控制自己的情绪，会允许孩子做自己。即使孩子与我们分离，也要让孩子活出自己想要的样子，绽放自己的精彩人生。

成熟的父母，懂得和孩子保持一种亲子关系本有的情感连接，能够包容和觉察自己和孩子的情绪感受。

更重要的是，成熟的父母非常善解人意，能够注意到孩子的情绪变化，乐于倾听孩子的感受。有这样的父母，孩子们会很自然地分享自己的感受，甚至主动寻求安慰，向父母表达爱。

因此，做一个成熟的家长吧，让我们孩子的心灵得到解放和自由。

成为孩子心灵最好的疗愈师

01

周五下午，我和往常一样去接儿子。随着放学铃声响起，孩子们陆陆续续走出校门。正当我寻找着儿子的身影时，他带着笑容跑到我面前，说："今天语文老师请我去办公室了，教我如何写作文，所以我比其他同学出来得要晚。"

虽然儿子脸上带着笑容，但他说话的语气却极为平淡。我已经从孩子看似平静的语气中，感觉到孩子心情并不是很好。

只不过儿子似乎并没有打算让我知道他心里的感受，因为他没有向我表示寻求支持或是帮助，我所能做的，就是信任和尊重他的决定。我相信，当孩子准备好了，他自然就会告诉我发生了什么事，那个时候，我则会用心倾听。

当孩子不太想说话时，有的父母因为担心，会过于急切地想要干预孩子，不停地询问孩子，事实上这种方式对孩子来说是一种干扰。

我们的孩子在成长过程中会遇到很多不开心的事。他们会为自己笨手笨脚绑不好鞋带这种小事而着急哭泣，也为自己与小伙伴关系不和，付出的情感被辜负这种大事而难过。

当孩子有心事时，我们过于着急地干预孩子，会让孩子不知所措。因为他们不清楚自己把这件事说出来后，会有怎样的后果。

所以，一路上我并没有过多地询问孩子，只是与他一起安静地回家。即使我知道儿子此刻的心情并不好，但当下更重要的是给孩子一点空间和时间。

回到家，儿子依然与我开着各种玩笑，丝毫看不出有什么异样。最后因为我问儿子晚上想吃什么，反反复复问了几次，他都没有吭声。当我再次去问孩子想吃什么的时候，孩子的情绪立马被点燃了。

他极其不耐烦地说："你就知道吃吃吃，老是不停地问，我都被烦死了。"

随后，他开始各种找碴，说什么家里什么零食都不买啊，橡皮擦不见了我也不给他买啊，今天的鞋子穿得特别不舒服我也没给他换啊……

很多时候，孩子的情绪并不是针对我们，只是他们不知道如何更好地处理自己的情绪。不光是我们的孩子，甚至很多成年人在情绪不佳的时候，也会迁怒于旁人，看什么都不顺眼。

其实孩子只是因为陷在了委屈受伤的感觉里，无法走出来，这时候他们倍感无助，十分需要父母的支持和陪伴。想让孩子成功地从这个消极的情绪状态走出来，就需要父母不带批评和焦虑，以稳定的情绪状态去接纳和支持孩子，引领孩子用更合适的方式表达情绪。

然而，很多父母会觉得孩子发脾气是不对的，是不尊重父母的表现，从而开始给孩子讲道理，然后不允许孩子发脾气。当孩子进行反抗，父母就会对孩子有更多的批评，甚至会用更大的声音去压制孩子。

最终孩子迫于权威和恐惧，只能选择安静下来。但是他们原本烦乱的心情，会被压制得更加难受。

尤其是当孩子刚步入中学时，他们一方面要重新适应新的学习节奏，另一方面则是刚刚开始步入青春期。这个时候孩子的压力比我们成年人想象中的要大得多，所以父母要学会相信孩子，尊重孩子。每个人发脾气肯定都有他自己的原因，谁会无缘无故地烦躁和心情不好？

02

我的儿子依然在发脾气，但我只是很平静地看着他，陪着他。儿子用尽各种方式宣泄着，甚至有时会突然痛哭，哭声震耳欲聋。

孩子愿意在我们面前展现自己最糟糕的一面，最脆弱的一面，说明他们非常信任我们。哭是一个人的本能，是孩子来到这个世界后，最先用来表达情感的方式。

如果孩子不是遇到特别难过的事，绝对不会如此无助。我尝试默默地去给他递纸巾，但是被他拒绝了。看着儿子一边哭一边在屋里走来走去，脸涨得通红，我的内心就充满了慈悲。此刻我唯一能做的就是允许他发泄情绪，同时，用心体会孩子内心的感受。

大概是因为累了，儿子突然一屁股坐在地板上，不停地喘气。

我走过去，温柔地给孩子擦拭眼泪，然后轻轻地把他抱在怀里，什么话也没说，只是安静而温柔地抚摸着儿子的头和后背。待儿子安静下来，我捧着儿子的脸，微笑地看着他说："亲爱的宝贝，我知道你很难受，其实你也不想对着妈妈发脾气，对吗？你需要我做些什么来支持你呢？"

孩子依然想要隐藏自己内心的痛和委屈，因此他装作若无其事地说："我真的没有什么，我还好啊，你就陪我聊聊天吧。"

有的时候，对于孩子来说，要掀开自己内心的伤疤是很不容易的，所以父母要给孩子更多的耐心和足够的空间。

无论如何，当孩子没有准备好向我们吐露心声时，就不要去逼他们开口。请用一种充满爱的态度，看待孩子的情绪。情绪本身是没有问题的，我们该做的是让孩子学会合理地管理自己的情绪。

儿子对我发出"陪他说说话"这样的邀请，其实就是在慢慢地打开自己的心。因为孩子内心有太多的痛和恐惧，他会有自己的一个准备过程。最重要的是父母是否愿意，继续等待和陪伴孩子。

看着儿子那早已布满了无力、挫败和委屈等情绪的双眼，我能明白，他一直努力地在思考，该用怎样的方式说出自己真实心声。

我没有急着给他讲道理，只是安静地陪伴他。

十分钟后，孩子终于打开了自己心灵的大门，情绪如洪水般汹涌而至，他再次放声痛哭。与之前不同的是，这次的痛哭更多的是释放而不是发泄。

我对儿子说："宝贝，你真的很棒，谢谢你愿意信任妈妈。如果想哭就好好哭吧，妈妈陪着你。"

儿子紧紧抱住我，边哭边说："谢谢你，妈妈。真的非常谢谢你陪伴我，支持我，真的谢谢你，我爱你妈妈！"

最后，孩子告诉他之所以情绪失控，是因为作文没写好，被语文老师批评了。

我告诉孩子："倘若你有情绪，就尽管释放。不过，我希望你下次遇到不开心的事时，能选择信任妈妈，好好地跟妈妈说，可以吗？"

儿子点点头回答："可以，谢谢妈妈。我以后会真实地表达自己的情绪的。"

孩子自己总结到的经验，比我们给孩子讲一百次道理的效果，还要好很多倍。我们需要真正地理解孩子心灵的痛，不要着急让孩子知道我们爱他。只有当我们真正地感受孩子的无助、痛苦和孤独，并对此付出全然的爱和接受时，孩子才会从爱里得到滋养。

03

只有当父母能够真正地去体会和理解孩子生长过程中的每一个烦恼，不去过多地在意父母这个身份时，孩子才能学会正确处理自己所面临的压力。有时候孩子发脾气，反而是在向我们呈现他的无力和脆弱，如果当时我们阻止孩子释放情绪，等到孩子积累过多压力后，我们就会发现，想要挽救都已经来不及了。

无论孩子处于哪个年龄阶段，遇到怎样的坎，内心有多大的悲伤，父母都要好好地去陪伴孩子，帮助孩子释放当下的情绪。这样，孩子才能顺利地从消极的情绪中走出来。同时，孩子还能吸取经验，学习成长，获得面对未来的勇气和智慧。

我们要给孩子哭的机会，哭的权利。允许孩子释放，就是治愈心灵创伤的开始。

当孩子感受到父母有力的支持，他会觉得很踏实很温暖，不会把自己看作一个问题，不会对自己产生怀疑。孩子也会对我们敞开心扉，让我们有机会真正地去了解孩子，走进孩子的心，做孩子心灵的疗愈师。

当我们成为孩子心灵的疗愈师，即使孩子在未来成长的路上，还会遇到很多让他（她）悲伤和委屈的事，他（她）也不会觉得孤单害怕。

父母要允许孩子情绪失控，我们谁都无法保证自己的人生是一帆风顺的，也无法承诺自己永远都是积极乐观充满正能量的，谁都会有愤怒、受伤、想要释放情绪的时候。

一个高情商的孩子，绝对不是教出来、逼出来的，而是在爱里滋养出来的。父母对待孩子的方式和反应，会在无形中影响孩子。当我们真正地接纳孩子，在孩子每一个伤心、难过的时候，陪伴他（她）支持他（她），孩子自然懂得去体谅身边的人的感受，变得温柔体贴。

愿我们每个父母，都可以成为孩子心灵最好的疗愈师，学会用爱照亮孩子的世界。

真实表达心声才能好好沟通

01

越是关系亲近的人，平常说话越容易伤害到对方，从而引起冲突。

有时，明明自己心里想的不是那样，可是嘴巴说出来的却和心里想说的完全不一样。

其实，没有谁不想好好沟通，没有谁愿意看到因为沟通出问题，导致彼此不愉快。

我们成长小组有个妈妈说："孩子习惯很不好，总是不好好收拾自己的玩具。常常因为不愿意收玩具，和我僵持半个小时。因为这件事情，我经常气得恨不得捏碎他，不明白这么小的孩子为什么这么偏强！"

我问："在收拾玩具这件事情上，你是如何和孩子沟通的？"

妈妈回答："我就说，你要是不收好，就不可以吃饭！要做个乖孩子哦，自己的玩具自己收，要有好的习惯。没有好的习惯，你将来会遇到很多麻烦。你不收好，妈妈可要生气了，不听话的孩子，妈妈一点都不喜欢……"

"这样说有效果吗？"

"没有啊，而且每次我一开口，孩子就说我烦，完全不听我说，没法沟通。"

"其实如果孩子不收好玩具，你并不会真的不爱他。而是找不到更好的方式，让孩子听话，对吗？"

妈妈愣了一会儿，才知道原来自己无意中，用了孩子最在意的事去威胁他，难怪孩子总会问："妈妈你爱我吗？你会不要我吗？"

我们试图用这样的方式，让孩子养成好习惯，可能孩子是学会了，但同时也会产生一种"我不够好，我很笨！"的自我怀疑心理。孩子会很害怕失去爱，他们会觉得只有自己足够好，才配拥有爱。

我就是这样的孩子，从小到大，总是在证明自己，以至于经常把自己搞得很累。

其实，和孩子沟通无需太多的道理。

你可以说："宝贝，我看到地上有你的玩具熊、玩具车，沙发上也有。看到这些玩具没有整理好，我对你有些生气，我希望你能把玩具整理好，可以吗？"

孩子可能会很快答应，也可能会说："妈妈，你帮我收。"

当出现第二次情况时，妈妈可以说："好的，这次妈妈帮你收，下次你可要自己收哦。"

久而久之，孩子就会明白，收拾玩具是一件理所当然的事。次数多了，孩子也会养成收拾玩具的好习惯。

我们学习育儿方法，并非是为了搞定孩子，而是为了能更好地理解孩子，帮助孩子。当我们的目的是搞定孩子，那这个方法最后会变成我们控制孩子的一个手段，孩子就会更加抗拒，更加不愿意和我们沟通。

02

唯有真实表达自己的心声，才能与人好好沟通。

有一次，儿子上学忘记带钥匙，而恰巧那天我回家也很晚。当我在小区广场看到他时，他立马指着腿上被蚊子咬得大大小小的包，噙着眼泪，说了一堆抱怨的话。

我想任何一个母亲看到孩子满腿都是包，都会感到心疼。我们往往因为太心疼，说出去的话，会带着几分指责。这样，孩子不但无法感受到爱，还会感觉更委屈更难过。

我走过去看着孩子说：“宝贝，妈妈看到你腿上的包，感觉非常心疼，想想你等了我那么久，心里一定很着急。如果是我，也一定会很着急很生气。”

很快，他的眼泪收住了，但是依然在抱怨我回来得太晚，让他等这么久！

“是的，宝贝，我知道你此刻心情不是很好，但是妈妈希望，你有什么话，好好和妈妈说，可以吗？”

儿子点点头，说：“其实也不怪你，我要是出门前，自己记得检查下有没有带钥匙，就不会发生这样的事情了。只是被蚊子叮了满腿包，非常痒，一个人等妈妈的感觉很孤独，我感到很委屈。”

“是的，我明白。”

儿子说：“我的心里话其实是，妈妈我等了你好久，特别想你快点

回来，因为我快被蚊子咬死了，咬得我心情特别烦躁。"

"谢谢你愿意如此真实地表达自己的心声，放下指责和抱怨。"

我看到孩子的嘴角扬起快乐的笑容，我知道这个事情，一定会让他有所成长。

果然，没过多久，孩子就对我说："妈妈，我觉得人们要学会真实地表达自己的心声，否则，就会让别人误解你，从而引起很多矛盾。"

沟通，很重要。当我们的表达和心里所想的不一样，语调就会显得阴阳怪气，孩子也分不清你是想和他沟通，还是纯粹在指责他。

沟通，需要真情实意，情绪平和。真实表达自己的心声，不说伤害孩子的话，才能走进孩子的内心世界。

放手让孩子的成长更有力量

01

母亲对孩子的爱不是占有，而是一场得体的退出。孩子小的时候，需要母亲的亲密陪伴，呵护他成长。随着孩子慢慢长大，母亲要舍得与孩子分离，让孩子独立地成长。我们和孩子，拥有深厚的缘分，但总有一天，我们要学会放手，这样才是真的为孩子好。

记得儿子刚上初中，我就开始有意识地让儿子进入到独立的空间，开始在很多方面慢慢地退出儿子的生活圈。

有一次，儿子想让我周末陪他和他同学一起去看电影。

我随口说了一句："你们可以自己去看啊，不用妈妈陪着。"

哪知道孩子一听没有我的陪同，立刻就说："那我不去了，我想要你陪着我。你不陪我，我不敢去。"

我愣住了，没有想到孩子会有这样的担心。我想这一定和我有关，是我没有在合适的时机"退出"，可能在某种意义上，是我绑住了孩子，没有给他独立自主的机会。

既然如此，这次就是个很好的让孩子学会独立的机会。

也许很多人会觉得，孩子初中了，还这么黏人是不是不正常？如果把孩子对我们的情感粘连看作问题，会适得其反，更难让孩子从心里上摆脱对我们的依赖。

孩子第一次尝试一个人在晚上出去玩，有这样的反应也很正常。毕竟从依赖到独立需要一个过程，我能做的就是支持孩子，让他相信自己是可以的，让他自己去体验和感受一个人从依赖走向独立的过程。

于是我对儿子说："当然，无论是谁，第一次尝试一个人晚上出去玩，真的需要很大的勇气，但我相信你可以做得到。不如，我们彼此都好好思考一下，也许可以有不一样的选择和感觉出来。同时无论你做什么选择，我都支持你，都相信你为自己做了最合适的选择。"

被我拒绝后，孩子一直很不开心。

我反复思考，孩子之所以这么依赖我，到底是因为孩子有需要，还是我自己有需要？我想肯定与我自己有关，我需要孩子依赖我，来显得自己做母亲很称职。

待我们吃完晚饭，我抱着孩子对他说："亲爱的，我很爱你，但我不能占有你。我对你最好的爱，是让你可以更好地做自己，让你成为一个独立的个体。妈妈决定周末让你们俩自己去看电影。"

"妈妈，我们没有父母陪在身边，我会很慌、很害怕、很担心、很紧张，妈妈你还是陪我们一起吧，我们还是孩子呢。"

"我知道你会很紧张，如果是我我也会和你一样很紧张。你是我的孩子没有错，但你也是个独立的生命个体，你有权利选择自由地长大。我很抱歉让你产生这样的担心和焦虑，你需要妈妈为你做点什么，让你可以拥有独立的勇气？"

"我也不知道，我现在感觉如果只是我和同学一起去，不知道我们

能否顺利买票、取票、按时进场，也不知道自己会不会因为太慌乱而无法安心地享受电影。"

"如果你愿意，想象下没有妈妈在身边，你和同学自己去进餐，选择自己喜欢的食物。聊着你们孩子世界的话题，时不时发出欢乐的笑声。等电影时间快到了，一起前往电影院看电影。每当有非常兴奋的情节，你们俩小声低语分享着……"

孩子整个人立马活跃了，开始手舞足蹈地在家里转来转去："妈妈，你说的让我心里产生了向往、美好的感觉。"

"很好，亲爱的孩子，那么你的决定是？"

"好吧，那我不要妈妈陪了，我们自己去买吃的，自己看电影。妈妈你给我们钱，还有手机，这样我们有需要可以随时联系你。不过我需要妈妈送我们，毕竟我们第一次独自去玩，还有就是我期待等 10 点电影结束之后，妈妈能过来接我们，这样让我感觉更踏实更安心。"

"亲爱的孩子，我为你有这样的勇气点赞，我相信你们一定可以照顾好自己。"

02

到了周末，我送孩子到最繁华的商业区，孩子带着几分依依不舍，和我挥手告别。看着孩子与他的同学慢慢从我视线中消失，我的心情非常平和，充满喜悦。

电影结束后，孩子特别兴奋和开心地与我分享他们的经历。我被孩子的喜悦深深打动，庆幸自己能够及时地做出合适的选择，得体地退出。

孩子告诉我："妈妈，我发现原来长大是很幸福的事情，并没有想象的那么可怕，那么糟糕。"

真正的母爱，是一场得体的退出。

退出并不意味着不管孩子，并不意味着会失去孩子，只是让孩子真正走向独立，更有担当和责任，更有智慧和力量来过好自己一生。

我们越是因为害怕失去孩子，而一直死死拽着孩子，孩子就越是会害怕分离，无法信任自己，待在父母营造的舒适圈里，永远跳不出去。

亲爱的父母，别把孩子当成是自己的唯一和自己的私有财产，也别为了孩子，牺牲掉自己的社会交往、兴趣爱好、快乐、幸福。如果父母把所有的注意力，都放在孩子身上，那么这份爱，带给孩子更多的是一种压力。

以前的我，也是如此，生活重心都是围着孩子转来转去。倘若我出去学习或者因为加班没能及时回家，我的心就非常焦虑不安，对孩子各种担忧和牵挂，一有时间就会给孩子打电话。孩子因此很胆小，不敢一个人出去玩。

是的，我很爱孩子，但我不能代替孩子成长。我不能因为我的爱，而"绑架"孩子，让他的生命因此受限。

爱孩子最好的方式是让自己先成为一个快乐的妈妈，有自己的兴趣爱好和生活圈子，有自己的事业，能给孩子做人生的榜样。

很多父母也许有过这样的困惑——孩子上初中后，不愿意和家长说话了，该怎么办？父母想了解孩子在想什么、干什么，很困难，向孩子的同学打听，也无济于事。于是，父母开始胡思乱想，孩子懂得交朋友吗？懂得照顾自己吗？我以后该怎么帮助他、教育他？

是的，我们确实在很努力地爱孩子，对孩子极度关心，无微不至。孩子的一言一行都可以牵动我们的心。但这样的爱，对孩子来说不是爱，而是一种沉重的压力和负担。孩子会觉得自己不被尊重和信任。

放手的爱，并不是放弃对孩子的关爱，而是慢慢调整爱孩子的方式。总有一天孩子要长大，离开我们。很多时候不是孩子适应不了，不愿意长大，只是我们舍不得和孩子"分离"。

我也是有很长一段时间，舍不得对孩子放手，导致孩子一直以来，去哪里都要我陪着去。其实，这种陪伴的品质不会太高，反而会让父母积累很多怨气。

唯有真正的放手，得体的退出，不打着爱的名号，去侵占孩子自己的人生，这样我们的孩子才会活出勇气，自信。

有的时候，泛滥的母爱和泛滥的洪水一样，不利于孩子的成长。对孩子真正的爱，是全然的付出和祝福，是接纳孩子与我们慢慢"分离"的事实。

03

当我们的所思所行都与孩子挂钩，我们的快乐和幸福也会变得狭小有限。我们要学会不做苦情的妈妈，做一个享受人生、享受生命的妈妈。

我们快乐幸福了，孩子也会快乐和幸福；我们自信喜悦了，孩子也会自信和喜悦。

当我们学会放手，让孩子独立，我们会发现孩子有能力让自己生活得快乐和幸福。舍得放手，是父母给孩子的最大尊重和信任。

网上流传过这样一段话——

"我钦佩一种父母，她们在孩子年幼时给予强烈的亲密，又在孩子长大后，学会得体地退出。照顾和分离都是父母在孩子身上必须完成的任务。亲子关系不是一种恒久的占有，而是生命中一场深厚的缘分，我们既不能使孩子感到童年贫瘠，又不能让孩子觉得成年窒息。做父母，是一场心胸和智慧的远行。不仅仅是做父母，人生的许多时刻都应该懂得进退。"

父母要学会得体地退出，对孩子放手，放下追求"完美孩子"的心态。

只要孩子健健康康平平安安，在这个美丽的世界上走一遍。而我有机会陪着孩子，走过人生的一段旅程，就是最大的美好与幸福。

换个方式去爱孩子！只要他（她）健康，快乐，足矣。该退出就退出，该放手就放手，让爱拥有更大的自由。

要全方位多角度地观察孩子

01

"我的孩子，真的是有太多缺点了，这个孩子绝对有问题，你接触后就会发现孩子有多糟糕。"

说实话，这并不是我第一次接到这样的求助电话。家长往往会用半个小时来数落孩子的种种不是，让人听上去觉得这真的是一个非常糟糕的孩子。

我们在工作领域或者生活交际圈游刃有余，但是面对孩子时，所有的语言似乎都显得苍白无力。即使孩子要什么我们就给孩子买什么，依然无法让孩子愉快地和我们进行对话，也换不来孩子积极性、上进心。

孩子要么一言不合就把自己锁在房间，要么直接和父母对抗，伤了父母，也伤了自己。

每次家长带孩子来咨询，当我见到孩子，和孩子沟通、相处过后，发现不是孩子有多大的问题，而是家长看待孩子的角度太单一，不够立体。父母对孩子的了解，跟不上孩子成长的步伐。

有时，好不容易孩子愿意向我敞开心扉,但往往是我和孩子没说几句，家长就对孩子表达不满，并且对孩子进行言语攻击。

我问："你能说出你孩子身上的十个优点吗？"

只是简单地说孩子的优点，家长却要思考许久。

很多人羡慕我有一个可爱的儿子，羡慕我是做家庭教育的，懂得孩子心理，能更好地知道孩子在想什么。

但是，其实不是学好心理学就一定能教育好孩子，教育和爱是两回事，倘若用学来的方法去搞定孩子，对孩子来说是一种更大的伤害。反而会

让孩子更加防备家长、不信任家长。

没有所谓的完美孩子，我们要做的，是学会全方位多角度地去看我们的孩子。也许孩子那些在你看来有问题的地方，正是别人眼里的优点。

我的儿子很喜欢独处，他说不喜欢那种特别嘈杂和人多的地方，也不喜欢大团体。通过对他的语言和行为的猜测，我总是认为他很孤独。

因为孩子这样的表现，我有过担心，甚至给他讲过许多道理：什么没有完美的个人，只有完美的团队；什么当你有了自己的圈子，才能懂得协作，才有更多的机会……

然而并没什么用，他依然保持着喜欢独处的风格。有时他要我在家陪他，可这个孩子却自己关在房间里看书。

他说只是喜欢我在家，静静陪他的感觉，这样会令他觉得温暖和安全。他还美其名曰：要做个安静的美男子。

我很纳闷，这样的一个孩子，为何他在班上人缘那么好，这怎么也说不通啊。

02

后来，孩子坚持要参加我的"唤醒孩子天性大本营"，我才知道，真的是我想多了！孩子自有自己的交友方式，自有自己独特的人格魅力。

也许很多时候，并不是孩子本身的行为有问题，而是我们看到孩子行为时，想得太多了，从而阻碍了我们去真正了解和看懂孩子。

这次大本营，让我从不一样的视角看到了一个不一样的儿子。

他参加了"唤醒孩子天性大本营"后，不到两天，全场孩子都成了他的粉丝，对他各种欣赏和崇拜。

我眼里那个孤独、不喜欢团体的儿子，成了团体的领袖和榜样。

原来是我想得太多，担心得太多了，又或者是我对儿子的信任还有所保留，但更多的还是我心里的一些标准，让我无法站在不同的角度去观察我儿子。

每天，看到儿子一个人安静地在一边听音乐看书，我就觉得这个时候的他，整个人充满了宁静和美好。

然而，以前看到孩子在房间里一待就是几个小时，我就会非常担心。

其实不是我们孩子有问题，是我们父母无法接受孩子用他的方式独处和安静，我们自己心里的杂音太多，就会认为孩子有问题。

儿子玩耍的时候，该欢笑就欢笑，完全地释放，那种无拘无束自由自在的模样，也会感染身边的人一同欢笑，让人对他好感倍增。

该是学习的时候，儿子就会马上变得很认真很专注。当他与别人分享自己的知识时，我又为知识渊博、谈吐自如的儿子而骄傲。

我终于明白，为什么他会有如此好的人缘。

人缘的好坏，和他成绩高低没有关系，和他是否优秀没有关系，而是他那种敢于做自己，活出自己真风采，懂得爱护自己的人生态度，会让人很想和他交朋友。

他就像一颗星星，自带光芒，照亮自己的同时也会吸引每一个向往光明的孩子。

顺便邀下功劳，孩子之所以能如此做自己，确实和我密不可分。

家是孩子的避风港，是孩子心灵的港湾。

如果我们只是从单一的角度去看孩子，就会感觉孩子浑身都是缺点和毛病，这样孩子就会与我们日渐疏离。

我们人是独立的个体，不是一幅画。就算是画，也有被挡住、看不到的部分，当我们的视线只停留在单一的角度时，就会错过其他的精彩。

也许孩子那些被我们忽略、不喜欢、不能接受的部分，正是促使孩子向上的一个动力。

在我们唤醒孩子天性的大本营，很多被送来的孩子根本不存在家长所反映的那些问题。

其实当我们看孩子的角度不一样，就会发现这些所谓的问题都是孩

子天性的一部分。只是因为受到家长的限制，孩子无法释放天性，压力积攒在孩子心里，那孩子自然会不舒服，会想要反抗。

有的父母觉得孩子喜欢耍心眼，其实孩子特别细心和体贴，很懂得心疼人也懂得感恩；有的父母觉得孩子情绪很急躁，其实孩子特别豪爽和大度；有的父母觉得孩子不自信不主动，其实孩子很谦卑很温和……

别总把"孩子叛逆、习惯不好、不听话"挂在嘴边，请相信自己的孩子，真的没有那么糟糕。

全方位多角度地观察孩子，多和孩子聊天，了解孩子的生活，不要只是单一地关注孩子的学习、作业、分数、名次……

孩子有自己的灵魂，自己的思想，他不是一个躯壳。我们安排的路，不一定适合孩子。

同时孩子也是一个独立的个体，父母应该重视孩子的每一个想法，哪怕再小的事情也需要用心聆听，让孩子知道自己是被重视的。

不要让自己的反应困住孩子

01

"妈妈，我最近晚上总是失眠，睡不好，我真的很烦。"

我儿子自从放寒假以来，作息时间就非常混乱，想到孩子上学那么累，好不容易有机会让孩子全然地放松，就想让他过个自由的寒假。

因此我没有有给他立什么规定，只让他自己来把握时间，哪知道这孩子每天睡到10点半，下午还要睡个午觉，可想而知晚上怎么睡得着。

可这孩子硬要说自己失眠了，自己得了失眠症。我只好给他解释，不是他失眠了，是他白天睡得太多，晚上自然无法入睡。

但是他根本不理会，常常担心自己的失眠会不会越来越严重，这样下去自己会不会变得特别糟糕。

白天他还是会无忧无虑地玩耍，到了晚上，还没有开始睡觉，就哭丧着脸说："我睡不着，完了，我又要失眠了。我真的很想睡着，可是怎么也睡不着，妈妈给我想想办法。"

我给他讲了很多故事，甚至给他做按摩舒缓他焦虑和压力，遗憾的是，我还是没能让孩子摆脱这样的困扰。

最开始几天，无论孩子怎么哭怎么闹腾，我都可以把全部的注意力放在他身上。陪伴他安抚他，满足他每一个需要。

后来，我生病了，身体很不舒服，这熊孩子跑到我床前硬是把我摇醒，哭丧着脸说："妈妈我睡不着，你过来陪陪我吧。"

我二话不说抱着枕头就过去陪他，这孩子依偎在我怀里不停碎碎念，不停地哭，露出特别委屈特别可怜的表情。

我一下火了，对他说："你这孩子，睡不着就睡不着，为什么要让妈妈陪着你一起不睡觉，妈妈今天身体非常难受，你看当你需要，妈妈很快就过来陪你了，你就不能也心疼心疼妈妈？你睡不着就算了，别影响妈妈休息啊。"

没想到孩子哭得更凶了，说："我也想睡着，可我真的睡不着，我很努力闭上眼睛，可是就是睡不着。"

我说："那么从明天开始，你早上必须8点起床，下午如果超过了4点，就不要午睡。你的失眠是没有合理安排作息时间。妈妈真的非常难受，我要睡了。"

说完，我就"啪"的一声，很无情地关上灯，一个人蒙头大睡。

02

第二天下午，孩子到了5点就要我做晚饭，说："今天一定要8点睡觉，不然我又会失眠，我早点休息就可以睡得着。你要求我明天早上8点起床，我不早点睡觉起不来，我也不想影响妈妈休息。"

我很明显看到孩子眼里的担心和焦虑，没有想到昨天晚上对孩子说的话，会让孩子产生更大的不安。

虽然看起来这是一件小事，但这也反映出了孩子真实的状态和我内心对孩子潜藏的不满。

很多时候，如果父母处于不好的状态，就容易把孩子当下的行为看作问题。

当我们自己很不安，产生很多需求时，就会期待孩子优先满足父母的需求，做个所谓懂事听话体贴的孩子。

因此当孩子需要支持的时候，我们眼中看到的不是那个无助的孩子，而是有问题、瞎折腾的孩子。

可真的是这样子吗？孩子当下的行为真的很难改变吗？如果我没有焦虑，懂得真实表达自己的需求，懂得照顾好自己的情绪，也许就能让孩子改变自己的行为。

我突然意识到，孩子之所以会对自己失眠这件事这么焦虑，是因为我用了很多道理试图说服孩子，让他明白自己在安排作息时间上不够合理，晚上睡不着是他自身的原因，孩子在睡觉这件事上产生了压力和愧疚，失眠才会越来越严重。

果然，即使8点上床休息，孩子依然无法睡觉。毕竟白天睡了那么久，这么早怎么睡得着？

不同的是，今天孩子没有吵闹，没有哭泣，到了8点一个人默默地回到自己房间，在床上翻来覆去，无论怎样难受，都不哭也不闹，确实做到了不吵我，很乖很懂事很体贴。

但我知道孩子的心是不快乐，压抑的。而且这样睡不着又逼迫自己必须睡着，可想而知多么难受。

03

折腾了许久，孩子悄无声息地来到我房间，怯怯地问："妈妈，你可以陪陪我吗？我已经很努力想睡着，可是怎么也睡不着。"

我知道昨天的话确实说得太重了，孩子睡不着，又想讨好我做个乖孩子，自然在面对我的时候变得小心谨慎。

我轻轻地抱着孩子说："可以的，我很感激你在遇到困难和烦恼时，第一个想到的永远是妈妈。"

当我和孩子来到他房间，还没有坐稳，孩子就"哇哇"地哭着说："妈妈，你给我买个安眠药吧，我真的不想影响你睡觉，可我实在睡不着。"

看来影响孩子最大的原因并不是睡不着这件事，而是我对他的态度。我昨天对他的恶劣状态，深深地烙进了他的心里。

我抱着孩子对他说："孩子，我知道你很委屈，很难受，想哭就好好哭吧，你有大声哭的自由和权利。我很想知道你此刻身体真实的感受是什么？你愿意告诉我吗？"

孩子说："我睡不着，不想睡觉，可是我必须睡觉，不然不好。"

我说："非常棒，当你真实地听从自己身体需要后，你的感觉发生了什么变化？"

孩子说："感觉好像心情舒服点了。"

"亲爱的宝贝，记得任何时候都要先搞清楚自己心和身体真实的需要，没有什么比你的心和身体真正的感受更重要，如果身体和心感觉不舒服，那么就尊重它们的第一感觉。实在不想睡，就先不睡。当你忽视自己身体的真实需要时，你会有怎样的感受？"

孩子皱着小脸说："我很苦恼，很自责，很压抑，因为害怕妈妈生气，所以会讨好妈妈。"

我听了，感到非常愧疚，就对他说："我为昨天粗暴的语气向你道歉，妈妈昨天身体不舒服，需要好好休息，没有多余的精力来陪伴你。我知道你很想好好睡觉，也很心疼妈妈，只是你真的太无助了对吗？"

孩子点点头回答："是的，所以妈妈说什么我都听着。"

"妈妈知道，你心里委屈，如果你愿意说你可以说，你有权利表达自己心里真的感受。"

孩子说："妈妈，你要求我那么早起床，还吼我，说我不懂得心疼你，但我不是这样的，我就觉得特别委屈。"

相信很多父母都有过和我一样的感受，孩子无心的一句"你好烦人啊"，就会勾起我们很多情绪：我为你做这么多，你还嫌我烦，你知道妈妈（爸爸）多么辛苦，还不都是为了你……

但是其实允许孩子对我们表达不满意，就是对我们自己最大的肯定。

我说："谢谢亲爱的宝贝用这样的方式告诉我，同时妈妈也期待下次无论遇到什么事，你都能好好地和妈妈说，而不是用这样哭闹、讨好妈妈的方式可以吗？你记得，无论如何我都爱你，我爱你和你是怎样的孩子没有关系，仅仅只是因为我爱你。"

孩子回答："谢谢妈妈，我也爱你。我现在感觉特别舒服。"

"你是自由的孩子，无论你是选择改变睡眠习惯，还是保留，妈妈都支持你。妈妈相信你会在合适的时候为自己做合适的调整。那么我很好奇，此刻你心和身体真实的需要是什么？"

孩子非常开心的抱着我说：睡觉！

然后他真的不到一分钟就睡着了，睡得特别安稳特别香，嘴角时而露出可爱的笑容，那么天真那么灵动。

从此以后，孩子告别了失眠的烦恼，学会了享受每一天，再也没有发牢骚，我也没有再听到他抱怨睡不着。

儿子开始懂得遵从自己的心理和生理需要，安排自己的作息，每天自然入睡自然醒来，也学会了温柔而坚定地拒绝我。

孩子每天起床都会过来和我进行开心的互动，看着他变回那个活泼可爱、天真无邪、聪明灵动、幽默机智的孩子，我非常感动。

只是我一个简单的改变，就解决了孩子苦恼多日的习性。

对于家长而言，孩子成长的每一步都是一个礼物。并非只有孩子好的一面才值得纪念，他的不好、他遇到的困扰、他的忧愁，都可以成为孩子生命中一份美好的回忆和礼物。

况且，一个孩子在成长过程中，总要经历不开心和挫折。

当父母有办法可以让孩子快速从消极的状态走出来，孩子自然会懂得用更积极的方式来表达自己的需要和渴望，而不是用极端的方式自我消化和处理。

所以，对待孩子，父母要用缓慢的、温和的方式陪伴孩子，让孩子从痛苦和混乱的思绪里脱离出来，走向美好。

爱源于发现孩子的优秀之处

我们每天和孩子朝夕相处

是真的看见了他（她）吗

孩子对我们失去信任

我们对孩子说的话变成无效

孩子对于学习缺乏热情

没有好的习惯

……

其实孩子

只是需要一份真正的看见

看见孩子的优点

看见孩子的付出和努力

看见孩子那颗纯良的心灵

信任自己，没有一个孩子愿意让自己颓废

停下对孩子的评价和抱怨
看见了，所给出的爱自会填满孩子的心

我们日夜相伴的伴侣
是真的看见了他（她）吗
从何时起，开始了不满意
挑剔不够体贴
挑剔身上的缺点
挑剔不够上进不够用心
没有好的情绪管理能力
……
其实伴侣
只是需要一份真正的看见
看见那份最初的爱
看见伴侣心灵深处的无奈
看见伴侣内在的智慧和力量
信任伴侣，愿意共同创造美好的人生
停下对伴侣的指责和攻击
看见了，幸福的感觉自会涌现

养育我们的父母
是真的看见了他们吗
随着我们慢慢长大
还记得儿时的那些快乐记忆
还是因为父母和我们观念不一样
养育孩子的方式不一样
产生很多不耐烦和抱怨

……
我们的父母，只需要一份看见
看见他们花白的头发
看见他们深深的爱
看见他们在用自己最好的方式
给我们创造最大的满意和幸福
停下对父母的不满意
看见了，就是对父母最好的爱

我们对于熟悉的自己
是真的看见了吗
有多久没有好好看看自己
对自己满意吗
如何看待这个自己
对自己的接纳有几分
看见了自己，就能看见孩子
看见伴侣，看见父母
看见自己的真善美
看见自己的爱与智慧
看见自己的心灵
看见自己的一切
用爱的眼睛爱自己
用欣赏的眼睛看自己
用感恩的心灵看自己
用欢喜的心情看自己
……
如何看到自己

自会如何看见外的人和事

爱，源于看见
不悲不喜，不增不减
不离不弃，不惧不忧
爱无处不在
爱在你手里
在你心里
在你的四面八方
让爱进你的心里
安宁，自在，欢喜，祥和

第五章

孩子，你会成为优秀的自己

让孩子学会拒绝才是好教育

01

懂得拒绝的孩子，会更懂得尊重他人，也更懂得保护自己。

我常听到很多父母说："我的孩子现在非常叛逆，你让他做的事情他非不做，还和我狡辩。孩子小时候不是这样的，非常听话。有什么办法可以让孩子能够听话些？"

我问："为什么你觉得让孩子听你的话，对你来说如此重要？为什么孩子不听你的，你就会觉得孩子这样是有问题？"

大部分家长都回答："因为我是他妈（爸），我知道什么对他最重要。他如果不听话，将来要吃亏，我是为他好。而且，孩子不听话，就是对父母不尊重。"

其实，孩子拒绝的不是事情本身，而是父母对待自己的态度。孩子需要的是被尊重、被理解，而不是完全按父母的安排去生活。因此孩子本能地抗拒父母的安排，他们更想有机会做自己。

我以前周末带儿子出去玩，每次去的地方其实都不是他想去的，只是迫于我这个妈妈的身份权威，不敢拒绝。我后来才发现，即使去的地方特别好玩，孩子玩得也并不是很开心。

直到又一次出去玩时，看到孩子又是一副无所谓、不开心的样子，我就忍不住问孩子："看得出，你并不喜欢到这里玩，对吗？"

孩子说："是的，但是你要带我来啊。"

于是我对孩子说："你可以拒绝我的，拒绝我是你的权利和自由。"

孩子惊讶地看着我："这样不好吧，你是我妈妈啊，我怎么能拒绝你呢？"

我非常温柔而坚定地告诉孩子："你可以拒绝我。你不必为了讨好妈妈，而违背自己的真实想法。我期待下次你能用更好的方式拒绝妈妈。"

孩子的心灵很纯粹，即使之前我曾无数次逼迫孩子去做他不想做的事，但只要我们真心地允许孩子拒绝我们，孩子就会很快地原谅我们。

很快，孩子有了拒绝我的机会。

有一天，我让孩子帮我洗碗。孩子本来答应待会来帮我洗的。哪知道过了一会儿，他突然来到我的面前对我说："妈妈，很抱歉，我今天不太想洗碗，所以我不能答应你的要求。我知道拒绝你，会让你失望，你希望我能够积极主动做家务，但真的很抱歉，我今天真的不想洗碗。"

不知道儿子是因为担心被我批评，还是因为心慌，这么一大段话，他是完全不带喘气地说完的。

当孩子懂得如何拒绝，他的内心就不会纠结。同时，孩子也能学会尊重父母的感受。

如果孩子在成长过程中，一直是为了迎合父母的期待和需要而做出选择，他（她）就不知道自己真正想要的是什么。当孩子大了，就会慢慢失去追求好分数好学校的动力，也不知道自己未来的路应该怎么走。

02

寒假期间，孩子很多同学都在培优。当孩子告诉我，他的同学都在培优时，我看到孩子眼里充满担忧。

我问孩子："妈妈很欣赏你有一份向上的心，但是我感受到你似乎有点担心。我很好奇，你在担心什么？"

孩子说："他们都培优了，我没有培优，我就担心我的成绩会落后他们很多。可是我又觉得自己好不容易可以休息下，不想时间被安排得满满的。"

"放下你的担心，你心里真实的声音是什么？"

孩子说："我不想培优。"

"很好，当你说出这句话后，你的感受是什么？"

"我很轻松。"

我微笑着问："那么你的决定是？"

孩子想了想回答："我决定好好休息，把老师布置的作业完成好，不培优。"

"这是你想要的对吗？如果是，我支持你的决定。同时，我相信即使不培优，你也不会因此落下成绩。我相信你会找到合适的学习方法，让自己不断地成长，不断地靠近自己心里的目标。"

孩子冲我笑了笑："谢谢妈妈，我现在感觉好轻松，对自己充满信心。"

其实我们无需给孩子讲太多复杂的道理，无需着急把孩子从情绪里带出来，无需担心孩子。我们越是担心孩子，就越是会感到焦虑。我们能做的就是引导孩子去真实表达自己的心声，教会孩子用新的眼光看自己，为自己做出最好的决定。

当孩子获得父母的尊重、信任和接纳，没有了束缚和捆绑，孩子自会合理安排自己的学习和生活。

无独有偶，当我遇到两难选择时，儿子也会用这样的方式来引导和支持我。

之前，我原本想出差去趟外地，但是票难买，而且要转很多次车才可以到目的地。我担心自己身体吃不消，恰逢孩子开学，考虑到没人带孩子等诸多因素，所以我迟迟没有下决定。

孩子看在眼里，默默坐到我身边，问："妈妈，发生了什么事情吗？"

我告诉孩子自己的困扰，孩子淡然地问我："你想要什么？听听你内心真实的声音。"

我说："我想去，但是没有人照顾你，票又难买……"

没等我说完，孩子就说："对不起，我打断下妈妈。如果不去考虑这些担心的话，你真实的意愿是什么？"

孩子这么一提醒，我立马静下来思考，最终得出的结论是我还没有准备好。因此，我决定不去出差了。

从此之后，在生活中，无论做什么，孩子都非常注意自己内心真实的感受，从而替自己做出最好的选择。

对孩子，管得越多，孩子就越会成为你所不希望的样子。

真正的爱，是用陪伴滋养孩子的生命和心灵；真正的爱，是处无为之事，没有要求，没有控制和恐惧；真正的爱，是像太阳的光芒一样，给予孩子支持和温暖。

好的父母，不是帮孩子规划所有的人生路径，而是在孩子心灵深处，种下一粒爱与智慧的种子。然后给予这颗种子阳光、雨露、陪伴，温柔地呵护它发芽壮大。直到它开出灿烂的花朵，散发出迷人的芬芳。

学会换位思考孩子才能成长

01

上周，儿子学校开展三天军训活动。恰逢气候急剧变冷，学生们去的又是偏远郊区，可想而知这三天时间对于孩子来说，是个多大的挑战。但是由于我想让孩子通过不同的方式来了解世界，接触不同的人，所以我还是很淡定的。

三天后，家长到军训的地方观摩成果。因为太冷，陆陆续续过来观礼的家长，或戴上口罩摩擦双手取暖，或用围巾包裹住整个脑袋，只露出一双眼睛……总之，大家都用尽各种方式来抵挡寒冷的北风。

一股冷风划过我的脸颊，我不禁一个哆嗦，后知后觉地意识到自己的脚早已冷得失去了知觉。再看咱们的孩子，一直保持一个姿势坐着，于是我对孩子也多了几分心疼。

终于，军训结束了，我连忙去帮天哥拿行李。意外的是，天哥狠狠地拉起自己的行李，看也不看我，一个人就走了。

我一下呆住了，来不及思考太多，连忙追了过去。这时，我才发现孩子眼角挂着眼泪，眼睛红肿得如同两颗小柿子。我以为是刚才在操场上训练了 2 个多小时，孩子冻着了，因此内心感受非常糟糕。最后才知道真相并非如此简单。

他一边刻意与我保持距离，飞快地走着，一边不停地说："垃圾活动，垃圾活动……"同时默默擦着眼泪。

那一刻，我才有点担心，因为我感觉孩子内心的难受和委屈，远远大于我所看到的表象。

天哥的状态非常糟糕，他完全沉浸在自己的痛苦里，连他后面一辆车不停地按喇叭，他都没有发觉。

无论孩子此刻的状态多么糟糕，父母都需要给出耐心和尊重，允许他一个人安静一会儿。无论是悲伤还是快乐，只有孩子自己知道当下最深的感受。此刻他最需要的是一份陪伴和呵护，带他走出恐惧和悲伤。

一路上，天哥说的最多的话就是：垃圾活动，都是一群冷血动物……每当他带着哀伤说出这样的话，我都没有着急想要知道到底发生了什么，只是静静地陪着他。

回到家，我还来不及开口说话，天哥就非常愤怒的说："我知道你想疏导我，但是很抱歉，我讨厌成年人，讨厌这个活动。"

整个家的空气中，弥漫着一股沉重的味道，夹杂着一股寒冷，似乎整个人都会被这样的寒气所冰冻。

我温柔地告诉孩子："亲爱的宝贝，知道你有如此糟糕的感受，妈妈看着除了心疼，还有无力感。我想得最多的，不是如何疏导你，而是这三天，你经历了什么事，让你感觉如此糟糕？你现在不想说也没有关系，当你准备好愿意和妈妈说了，你再说，我一直在。如果你还没有准备好，你可以继续保留。你有权利做任何选择，你是自由的。"

有时候，当孩子对外界产生不满时，父母就会变得非常担心和焦虑，

急切地想要证明给孩子看，这个世界并没有那么不堪。孩子的心门就是在这样的过程中，一点一点向我们关闭的。给孩子空间，允许让他发泄内心的不满。

02

孩子的心其实很柔软，同时也很敏感。当他们处于痛苦、绝望的时候，只要你给孩子的心灵涂上爱的色彩，哪怕只是一点点，孩子都会感受得到，从而被软化。

于是我轻轻地拥他入怀，抚摸他有些发抖和僵硬的身体，对孩子说："亲爱的宝贝，我知道此刻的你真的很难受。如果有情绪就好好发泄吧，我相信你会为自己做最合适的选择，我爱你宝贝。"

天哥再一次向我敞开自己的心门，在我怀里放声痛哭。

我一边抚摸孩子一边说："宝贝，想哭就好好哭吧！"

孩子慢慢告诉我这三天所发生的点点滴滴。

在这里，我想告诉各位父母，在孩子诉说心事时，无论他说什么，都不要急着去教育孩子，给孩子灌输所谓的人生道理。在当下父母应该做孩子最好的听众和陪伴者，尊重孩子自己的想法。

尊重孩子，接纳孩子，是唤醒的开始。

当孩子被接纳，他的内心世界才会向我们敞开。

天哥最后说："其实，我并不是讨厌这次活动。只是通过这个活动，我对自己的同学感到非常失望。那些和我很要好的朋友，在关键时刻只在乎自己的成果，完全失去了同学爱，还用很多难听的话骂我，我都不敢相信这是我最要好的朋友。我真的不知道，接下来要如何面对他们。"

当孩子遇到不开心的事，或者有情绪时，不要急着去下结论，应该更多地关注孩子当下的情绪和感受，孩子才会把自己心里的真实想法告诉我们。孩子之所以不愿意对我们说真话，是因为曾经体验过说真话所带来的不好的结果。

不是孩子不愿意说，而是我们父母太心急，缺乏耐心去倾听孩子的真实心声，用所谓的准则框住了孩子，同时也框住了孩子与我们的关系。

即使在孩子的讲述中，听起来确实是同学不好，但父母也不能单方面附和，随他一起去批评分析同学的不好。此时，对孩子表达欣赏和嘉许，可以让孩子看到自己身上所具备的优秀品质，也能令他暂时忘掉同学带给他的不愉快。

"听你这么说，妈妈真的无比感动，你身上的爱与纯良是值得我学习的。你所担心的是你很要好的朋友没有真正的爱，看到他们在关键时候只在乎自己的样子，你非常伤心和难过对吗？"

"是的，平时我们在班上只是一起学习和玩耍，真正面临挑战时，看到他们这样，我真的很难过。"

我问天哥："那么对于你来说，看到要好的朋友真实的样子，是好还是不好呢？在整个活动过程中，你觉得你需要为自己的情绪和感受负责吗？"

天哥说："我觉得自己应该多去真实表达自己的感受，而不是一直积压愤怒。我感觉自己对同学抱有太大的期待了。他们身上那些不好的地方，其实我自己身上也有。"

接着，他又说："我仔细想了想，他们之所以这样，我猜是因为在自己家里没有感受到爱。他们的父母也是这样催促他们，甚至吼他们的，所以他们就会在不自觉中，模仿他们的父母，对同学和朋友做出同样的举动。"

总结完后，儿子豁然开朗地对我说："妈妈，本来我发誓一辈子都不再跟他们做好朋友了的，但是现在我突然对同学多了一份心疼。妈妈，谢谢你如此耐心地开导我陪伴我，我之前的状态太糟糕了，我都不知道自己是怎么回家的，有没有说些伤害你的话。"

在自我探索的过程中，孩子善良体贴的本性也会逐渐萌芽。他们能够把原本的恨转化为爱，把愤怒转化为平静。当父母教会孩子换位思考，他的世界就多了一份理解和尊重。

没有压抑的孩子更享受学习

01

星期六，儿子去上第一堂钢琴课回来，特别兴奋地给我说个不停。我从孩子的状态、眼神中可以感受到，他一定是在学钢琴这件事情上，获得了很大的成就感，并且很享受学习钢琴的过程。

记得当孩子想要学习钢琴，我们去找学校咨询报名时，老师非常担心地对我说："孩子这么大了，错过了学习钢琴的最佳时期。你们确定要学习钢琴吗？"

孩子非常笃定地说："是的，我想学习，因为我准备好了。"

老师还是有些担心和疑惑，怕孩子大了不容易出效果。孩子估计看出老师的担心，对老师说："我不需要考级，不需要立刻看得见效果。我也知道最开始学习钢琴很枯燥，我不会轻易放弃的。我会一直坚持，我只是想给自己提升生活品质，想给自己一些不一样的体验。"

最终，因为儿子坚定的眼神和语气，老师说："要不先试试一节课，如果确实有困难，我们再想想怎么办。毕竟我们也不想家长花了钱，孩子受罪，还没有效果。"

然而，上完一节试讲课程后，老师非常兴奋地对我说："你的孩子非常有天赋，很聪明，悟性很高；而且很专注很认真，对于音乐节奏、韵律的感觉都很不错。这个孩子教起来特别省心……"

老师表现出来的态度，和我当初带儿子做咨询时候，判若两人。

老师之所以会对孩子学习钢琴前后态度不一样，我想这和孩子的学习状态有很大关系。

从小，我都是给孩子最大限度的自由，无论他选择做什么，我对他给予百分百的信任，我相信孩子会为自己的人生，做出最适合他的选择。所以，孩子非常清楚自己想要什么，想成为怎样的人。

我从不给他做主报任何兴趣班和培优班，只有当他想学习，我才尊重他的选择，我相信他一定是经过深思熟虑，做好准备了的。

记得小学一年级的时候，学校有兴趣班可供报名。孩子对围棋很好奇，基于对孩子的尊重，我就给他报名了。

也许是因为我没有什么期待，不会给他太大压力，完完全全尊重了孩子的天性，所以他非常享受学习围棋的过程，而且很快就超越了许多学姐学长们。

因为我关注的不是结果，不是名誉，而是孩子的学习过程、学习兴趣和自我认知。

常常听到很多父母抱怨，孩子上课注意力不集中，作业拖拉，学习缺乏积极性……

其实，当孩子内在的天性没有被压抑时，孩子会更加愿意为自己而努力。之所以缺乏学习热情和动力，是因为孩子觉得学习不是为自己，而是为父母。找不到自己学习的价值和意义，所以感觉学习过程非常痛苦，孩子也就失去了学习动力。

当孩子把学习看作是一份责任，就会做得不开心，但又不得不做。

每个孩子都有一份与生俱来的天性。借用我儿子一句话："我们每个孩子都渴望自己很优秀，都想学好，成为更好的自己的。"

所以父母要学会给孩子自由，接纳和欣赏孩子。让孩子的内在天性自由成长，这样孩子才会爱上学习，享受学习。

02

很多父母以"为孩子好"为理由，安排孩子上很多的兴趣班，整个过程都完全由父母决定，孩子没有参与感和选择权。那么即使孩子最开始有兴趣，最后都会觉得上兴趣班只是个流程，逐渐趋于形式化，本来有的天赋也会慢慢被掩盖起来。

若我们的孩子只有成功没有快乐，这份成功对于孩子的意义就不大。这也是孩子会情绪冲动，注意力不集中的原因。因为孩子本能地想逃避，在这样的身心状态下，又如何集中注意力呢？

孩子长期带着这样的感觉去学习，情绪也会更容易波动。久而久之，学习对于孩子来说，就演变成一种苦差，孩子无法享受过程。

父母对孩子学习最好的支持是，不压抑孩子的天性，珍惜陪伴孩子成长的每一个机会，不去伤害孩子的心，不为爱预设条件，懂得真实的表达。信任孩子，"相信"的力量是无比强大的。

不把自己的恐惧和压力强加给孩子，不和别人家孩子做比较。让孩子清楚地知道，自己是被爱的、被尊重的、被信任的，那么孩子在成长路上，就会充满希望和积极的心情。

想让孩子爱上学习真的不难，难的是父母如何改变自己的价值观和行为标准。好的教育是陪伴、引导孩子，让孩子自己去探索生命的奥秘。

儿子常常对我说："我很享受学习，很多以前自己觉得做不到、做不好的事情，现在都特别喜欢。每次写作业和学习，我都特别开心和享受，因为感觉这是可以呈现我能力的一个方式。对于我们孩子来说，现在最好的创造就是学习，当我用享受的心情去创造，就会发现学习其实没有那么难。"

儿子从小写作业，我都不检查他哪里做得不好，完全信任他，没想到这样反而让孩子每次写作业都特别专注和认真。

我也没有给孩子报培优班，平常休息他也会玩游戏，看动画片，有的时候我还会陪着他一起玩游戏，看动画片。

　　该玩的时候，让他好好地玩，这是孩子的天性。如果孩子的生命只有学习和分数，该是多么索然无味啊！他本该尽情玩耍、尽情释放天性的时候，父母就不能拼命去压抑孩子，否则，孩子就会在某个时候反弹。

　　这也是为什么，很多孩子到了初中或者高中，就开始厌学，对学习失去热情和兴趣。甚至很多大学生，在进入大学后，沉迷网游，似乎是要把没有玩过的，全都一次玩个够本一样。

　　相信孩子本身就有无限的好奇心和求知欲望，父母就应该守护好孩子这份天性。他的身体、心灵、大脑，自会用最好的方式成长。

　　不压抑孩子的天性，尊重孩子，信任孩子。让孩子爱上学习，享受学习，体会到自我成长的价值和乐趣。

孩子，你会成为优秀的自己

做父母

是一场智慧的修行

生孩子不仅仅是为了传宗接代

而是付出和欣赏

让孩子在这个美丽的世界

活出他（她）美好的人生

让孩子的光芒照亮荣耀自己

养育孩子

是让他成为更优秀的自己

活出自己的卓越本质

让孩子成为优秀的自己

父母要从好好说话开始
当我们对孩子发脾气
抱怨他做得不够好
孩子的自信与智慧
也会随之慢慢隐藏起来
父母越是希望孩子学习好
孩子反而越会与父母的期待背道而驰

给予孩子
灌注欣赏与爱的能量
去看到孩子闪光的地方
帮助孩子开启智慧的宝藏
你给孩子心灵注入什么
孩子就会变成什么样子
无论任何时候
给孩子生命注入阳光和希望的种子
即使他现在有很多不足
都会因为这样的爱而慢慢消失
你所看到的愚笨，不如他人
只是因为孩子
触碰不到自己的智慧
无法将他的优秀发挥出来
他的脚步只是慢于旁人
当我们只关注孩子的慢
他的优秀也会被淹没
没有力量生发出来

引领孩子

感受生命的美好

大道至简

教育没有那么复杂

一切的一切

所谓的好与坏

都只是一个表象

如同高高挂在夜空的月亮

一直在努力让自己发光

我们的孩子也是如此

只要

不遮蔽孩子的慧眼

孩子的心灵就会无所挂碍

充满喜悦和勇气

让孩子成为优秀的自己

放下我是父母的优越感

那些挂着嘴边的

我是为你好

我知道什么对你最好的

我吃的盐比你吃的米多

会削弱孩子的胆量

产生畏难情绪

失去做决策的勇气

你所走过的路，吃过的盐

的确比孩子多

那又如何

孩子所需要的不是经验
而是当他在探索生命和人生的过程中
有一股力量支持他勇往直前

因此
不要用我们的经验束缚孩子自由
不要着急评判孩子的对错
我们用自己人生探索到的所谓真理
也许对于孩子来说
只是一个看不到的未知
我们要做的是支持孩子
探索他人生的真理
把属于孩子的决定权交还给他
我们只需要
当孩子遇到困难挫折
去启发孩子思考
还可以做些什么让自己不那么糟糕
让他体会扭转事态的成就感
为自己感到骄傲和满足

让孩子成为优秀的自己
不是让孩子觉得我们无所不能
有些时候
我们可以在孩子面前
呈现我们的无能和脆弱
这样并不会丧失所谓的面子
而会让孩子

看懂自己的价值
提升孩子情商和成就感

静下心来
多多去感受自己内心的悸动
感受最开始抱着那个柔软粉嫩的小生命
那份喜悦与感动
让自己内在的爱与孩子合一
你的思绪
会在这宁静的爱中温柔地流动
从而飘向孩子心灵世界
孩子沐浴在这样的爱里
会更容易看懂
自己内在的智慧
当一切都很好的时候
孩子会相信自己
从而
成为更优秀的自己

第六章

孩子，愿你拥有最好的青春

孩子收到情书我们该怎么办

01

我想，家有少男少女的父母们，最担心的事情之一，就是孩子早恋。父母担心孩子一旦早恋，会分散很多注意力，影响到孩子的学习、心情和情感价值观。

虽说孩子在青春期喜欢上异性是一件很正常的事，可很多时候，当自己孩子真正遇到这样的事情，家长们多少还是会有点不知该如何把握一个度，让孩子能够用更正确的价值观来看待情感。

前天，儿子对我说："妈妈，我收到女孩子给我的纸条，她说注意我很久很久了，好不容易知道我的 QQ 号码，想加我好友。"

我兴奋地说："我的儿子有人追了，这说明我儿子足够优秀！"

儿子带着几分羞涩看着我说："好像你儿子有人追，你很有成就感的样子。不过我目前只想好好学习。"

我说："对啊，有人追至少说明你长大了，你有属于自己的人格魅力，这是好事情。倘若你没有人喜欢，你也没有喜欢的人，那才叫不正常。"

儿子说："其实我是想请教妈妈，我该不该通过这个女孩的好友申请？我担心拒绝她会伤害她。同时，我又想，也许人家只是单纯地欣赏我，如果我不尝试打开自己的世界，接纳对方，我就会让自己的生命失去一个可能性。"

父母越是担心孩子早恋，对孩子的交友情况过于敏感和谨慎，反而会适得其反，更容易把孩子推向早恋。还有，即使孩子在情感上遇到困惑，我们也会失去对孩子正确引导的机会。

因此，鼓励孩子多一些异性的同学和朋友，更有助于引导孩子如何

正确处理早恋。

当孩子对我如此信任，真诚地与我分享他对青春期异性交往的困惑时，我很欣慰。

于是，我不答反问："妈妈想听听，你打算如何去处理？"

"我想，我还是要通过她的好友申请，这是一种基本的礼貌。同时，我觉得这是一个好机会，她上初三，我上初二，我可以在学习上多多请教她。"

其实，孩子们之间的情感很单纯，只是我们把简单的事情复杂化了。

"听上去，你有了自己的处理方法，我很欣赏你这样的能力。同时记得，无论将来你会面对什么样的关系和情感，只有真实表达，你才会感到轻松自在。如果你模棱两可，含糊不清，就会对对方和自己造成最大的伤害。"

儿子说："谢谢妈妈，我知道该怎么做了。"说完他就开开心心地回到自己房间了。

现在，儿子每次和这个女孩聊天，都会很快地把交流内容讲给我听。

其实他们是很单纯的友谊，女孩就是欣赏儿子的状态，从他身上感受到快乐和阳光，所以想跟他交朋友。

我对儿子说："作为一个男孩，当有女孩欣赏你喜欢你时，记得不要辜负这份欣赏和喜欢。女孩儿都喜欢有责任、有担当、风趣幽默、有魅力、有涵养、有学识、有气魄的男生。你要担当起别人对你的这份欣赏和喜欢，所以请加倍努力，来让自己变得更加优秀。"

02

也许你会觉得，父母要做的就是督促和管好孩子的学习就行了，明知孩子处于青春期，还教孩子去吸引异性的注意力，这样孩子岂不是会受到影响？

别担心，这样的教导方式不会有问题。

有的孩子吸引异性的方式，就是讨好对方，做对方喜欢的事情，故意出风头等等。我所说的，却是让孩子提升自己的人格魅力，成为优秀的自己，这两者有本质上的区别。

是的，没错，孩子的首要任务当然是学习。但是，我们的孩子是个有血有肉、有情感的人。尤其是青春期的孩子，当孩子能够得到来自异性的赏识，会令他更加自信，反而会激发孩子的斗志。

我的儿子虽然并不喜欢这个女孩，但因为知道自己被异性喜欢，他的自信心增强了，目标也更加清晰。他更有动力，去努力学习，变得更好。

孩子收到情书，我们不必紧张焦虑。早恋不是洪水猛兽，我们也不必谈早恋就色变，世间所有的少男少女，都拥有对美好爱情憧憬的权利。

每个人都有过情窦初开的时候，我们父母不也是从青春期一步步走过来的吗？所以，给予孩子足够的理解和信任，用更多的耐心来呵护孩子纯洁美好的感情，更有助于孩子的成长。

青春期的孩子，情感飞速变化，也许今天说喜欢，明天就不喜欢了，这是很正常的。如果孩子收到情书，父母过度干涉，反而容易引起孩子的逆反和抗拒，给孩子留下阴影，影响成绩。

当然，也不是完全放任不管。如果放任不管，尚未对感情树立正确价值观的孩子，容易受到伤害，或者无心学习。

当父母能够合理帮助孩子处理和守护好这份感情，孩子非但不会被影响，反而会激发学习动力，提升成绩。

孩子之间写的情书，其实算不上是爱，充其量只是一种好感罢了。

其实，儿子不是第一次收到情书，之前我在他衣服口袋里，找到过一个女孩给他的纸条。他的回复让我觉得自己的儿子，原来情商那么高，能很好地处理异性关系。

我记得儿子当时回复的大意是："谢谢你对我的欣赏，但是我们目前的身份是学生，当下该尽的本分是好好学习，让我们一起努力成为最

好的自己吧。"

最后儿子和这个孩子成了很好的朋友。

亲爱的家长，倘若你的孩子收到了情书，不用慌乱和紧张。这说明你的孩子很有魅力，很优秀，故而才能吸引异性，这是一件值得高兴的事情。我们所要做的事情，就是让孩子变得更加优秀，做更好的自己。

化解青春期孩子的生理焦虑

初一下学期，孩子的状态有些焦虑。一回到家，他就自己埋头写作业，一个人闷闷地待着。最近，孩子也很容易发脾气，我能够感受到孩子有心事，因此并没过多地打扰孩子。

我想，孩子步入青春期，他的身心都开始接受不同的挑战。孩子要开始接受真正意义上的心理断乳，情绪自然容易波动，容易急躁。

青春期孩子的生理结构都在悄悄发生变化，而这些变化，会给孩子带来很多未知的焦虑。

昨天，孩子再一次因为我的一句话，感到非常委屈，甚至发誓再也不想理我了。他边哭边说："我好累，好烦。"

我走过去抱住孩子，无论孩子怎样反抗，我都以温柔的态度对待他。

"亲爱的宝贝，对不起，妈妈让你委屈难过了，我很抱歉让你产生这样的感受。"

孩子哭了几分钟，终于对我说出自己心里压抑已久的恐惧和痛苦。

"妈妈，我遇到烦恼了，但是一直不好意思和妈妈说。"

"宝贝，发生什么事情了，如果你愿意告诉我，我会默默地听你说。"

孩子说："我的生殖器官开始长大了，和之前不一样了，旁边还长了几根毛。我感觉太难看太丑了，我觉得自己身体变得不美观了。"

我说："亲爱的孩子，我是女生，并不懂得男生生理结构发生改变的过程和感受。我唯一能说的是，恭喜你，你真正地长大了。我所能做的是在你哭的时候，难过的时候，为你擦去眼泪，给你爱的拥抱。"

孩子问："这是我要发育成长，变成男人的信号吗？"

"是的，这是每个人长大必经的一个过程，男生生殖器会长大长阴毛，你的腋窝下也会长毛，甚至会有遗精。女生的乳房开始发育，会有月经的周期。这都是正常的生理变化。"

"和妈妈说了下，我感觉没有那么沉重了，之前这件事一直压在心里，让我感到很难受。"

青春期是让孩子开始对自己的身份产生认同感，建立自我价值的好时期，同时也是性教育的关键时期。

青春期的生理变化，会让孩子产生不安的心理，家长要了解孩子当下的所需，接纳孩子，重视孩子，花时间和他在一起。孩子在家长的帮助下，会慢慢接受自己的生理变化。

倘若孩子在青春期这个过渡阶段，对于生理变化心存恐惧，以后会影响孩子的自我认同，甚至有可能出现不愿接纳自己身体特征的情况。

然而，事实是，有的父母会忽视孩子因为生理变化所产生的不安和焦虑，从而用特别严厉的方式对待孩子。最后才会导致孩子有所谓的叛逆，破坏了亲子关系。

其中很重要的因素是父母也是在这样的苛责中长大的，下意识传承了上一辈的方式。在教育中，父母觉得和孩子谈性感觉不好意思，甚至有羞耻感。

我有一位要好的女性朋友，一直无法接纳自己的女性身份，甚至产生了厌恶感。尤其是每次例假要来的时候，她都会特别恐惧和焦虑不安。

不知道的人，会认为她是经前焦虑，其实不然。她之所以对来例假这件事如此焦虑、恐惧，甚至讨厌自己的女性身份，都是因为青春期的时候，被父母忽视，没有受到正确的引导。

每次她向大家分享自己的青春期生理变化过程时，都会像个小女孩

般伤心痛哭，浑身发抖。可见在青春期时正确引导孩子，对于一个孩子来说多么重要。

因此家有青春期孩子的父母，不妨大胆地和孩子讨论身体变化，用赞叹和欣赏的眼光来看待孩子的性发育，同时用正确的方式教导孩子性教育知识。这是送给孩子青春期最好的礼物。

孩子，愿你拥有最好的青春

青春期
每个孩子必会经历的过程
这个阶段的孩子
开始有了成人感和所谓的叛逆期
即使千万遍告诉自己
这是孩子长大了的预兆
依然还会有对孩子的担心

我相信
每一位父母
都想给孩子更大的包容
却时常会心有余而力不足
我相信
每一位父母
都想给孩子他们想要的爱与温柔
却常常无所适从充满迷茫
我相信

每一位父母

都希望孩子青春期

充满活力，积极和热情

希望孩子，看到未来希望与美好

亲爱的

无论孩子目前状态多么糟糕

先停下对自己的攻击

停下对孩子的愧疚和补偿

相信自己

在每一个当下

已经把最好的都给了孩子

孩子目前呈现的问题本身不是问题

而我们如何看待问题才是问题

亲爱的

无论你与孩子目前的亲子关系如何

都要好好照顾自己的情绪

好好地爱自己

体会那种与自己的情绪、心灵连接的美好

自然可以把这份美好轻盈传递给孩子

这是给孩子最好的陪伴和爱

用这样一份美好

陪伴孩子走过青春期

亲爱的

每个人都有属于自己独特的天赋

也许你目前遇到的问题

正是你内在光明之处

和你内在纯净的光连接

照亮自己的心灵

同时照亮孩子的心灵

陪伴孩子一起从青春期的烦恼中

苏醒过来，绽放灵魂之光

亲爱的

你就是爱，就是美好与光明

体验这种和自己的心连接的感觉

让生命的管道一一被打开

源头的能量流进你的灵魂和心灵

爱，从未止息

你会看到自己无限的美好

看到自己无所不能的力量

看到自己无限的创造力

你所有的智慧都在你体内

用你的爱和智慧

唤醒孩子内在的爱

从而更好地走过青春期

第七章

孩子，你的父母值得你钦佩

父母应该成为孩子的好榜样

01

我们都知道，孩子是父母的缩影。孩子所呈现出来的状态，更多的是反映我们父母的状态、行为习性等等。因此我们想要孩子怎么做，只要自己先树立一个榜样就好了，根本不需要花大量的时间去告诉孩子应该做什么。

那么，父母在要求自己的孩子这样，那样时，要先看看，我们自己做到了吗？

当然，我们既不是超人也不是完美的人，只是平常人。我们也会犯错误，也会有心情不好状态低迷的时候。

但是最重要的并不是我们是否会犯错，而是懂不懂做出合适的改变和调整。在养育孩子的过程中，如果一个方法反复使用，都没有好的结果，那就改变，因为重复错误的方法，只会产生错误的结果。

无论我们学会多少育儿方法和技巧，都无法彻底改变我们的孩子，只有当我们为孩子做个好榜样，才能在无形中影响孩子。好的榜样可以起到润物细无声的作用，让孩子在不知不觉中朝好的方向走。不好的榜样，就会造成孩子对自身、外界产生许多错误认知。

燕子是我课堂上的家长，她说幸亏自己及时刹车，没有一直给孩子树立坏榜样，不然无法想象自己的女儿会受到怎样的影响。

她说："有一次，我们一家人坐在沙发上看电视。我四岁的女儿，突然从沙发上起来，走到奶奶面前，一手叉腰一手指着奶奶，用盛气凌人的态度说：'我跟你说了多少遍，我要喝水。'当时我们都吓呆了。"

燕子十分疑惑，这孩子小小年纪，什么时候学会对别人颐指气使了？

而且，孩子不光是对奶奶这样说话，有的时候燕子帮她拿东西慢了点，也会被这样呼来喝去。然而，她从未用这样的态度对待过孩子，一直都教育孩子要懂礼貌，尊重长辈。

直到有一天，因为燕子的先生给女儿冲的牛奶烫了点，女儿就气呼呼地走到她爸爸面前，叉腰瞪眼指着爸爸说："老公，你看你做的什么事。"

燕子顿时恍然大悟：女儿是在模仿自己！是的，她没有用这样方式对孩子说话，可是她平时对老公说话，就是如此蛮横。女儿看在眼里，慢慢就开始模仿她的样子。

她害怕了，并且感受到从未有过的担心。因此，她决定改变自己，不断地自我成长和学习。她不想在无形中对孩子产生不好的影响，想要做孩子榜样。

从孩子身上总能找到父母的影子，从言行举止到行为习性，孩子都是通过父母这个标杆来学习的。

我们的行为，无时无刻不在影响着孩子。因此我们要做孩子的榜样，从而影响孩子，温暖孩子。

孩子的各种习惯，不管是好是坏，大部分都是受大人影响而形成的。

所以，当我们对孩子喜欢狡辩，做事情拖拖拉拉，容易急躁等坏习惯头疼时，不妨停止对孩子的指责，好好反省一下，我们自己哪里需要成长？

02

在儿子的成长路上，我一直不断学习。我分享给大家的，都是我自己做到的，或者正在努力践行的。我从不用语言告诉孩子什么应该做，什么不能做。当我自己没有做到时，我就不会去要求孩子做到。

我一直努力想要成为孩子的榜样，而我的付出，也没有白费。

当我学会自我管理情绪，不因为自己的心情不好，而迁怒于儿子。

曾经有一段时间，因为我在生活中遇到很多不顺心的事情，所以心情特别沮丧。每次回家进门前，我都要深呼吸，让自己把糟糕的心情丢在门外，不带回家。毕竟，即使是最亲密的爱人、孩子，都没有责任和义务对我们的坏情绪负责。

好几次，孩子嚷嚷着要我陪他玩，我都对孩子说："很抱歉，妈妈今天心情不太好，我怕陪你玩的时候我会因为失去耐心、情绪失控而吼你、凶你。不过，妈妈心情不好和你没有关系，是妈妈自己的问题。"

儿子说："好的，那等妈妈心情好再陪我玩吧。"然后他也没有丝毫不高兴。

只不过，每次我回到家，他都会问我："妈妈今天心情有没有比昨天好点啊？没有关系，无论妈妈的心情好还是不好，我都会耐心等到妈妈心情变好，再和妈妈玩。"

当孩子说出这样的话，我感觉再糟糕的心情，也会瞬间烟消云散。

当我懂得对自己情绪负责，这种态度也会深深地影响着孩子。

有一次，儿子和小伙伴在家里玩躲猫猫，好几次儿子都是第一个就被找出来，到了儿子去找他们，却又总是无法在规定时间内找到他们。次数一多，儿子就感到十分挫败和沮丧。

玩到后面，我感觉到他有情绪了，经常嚷嚷说："这是我家，我说哪里可以躲，你们才可以躲哪里。"

多么霸道，这不明摆着让人无处可藏吗？

正当我准备开口教育儿子时，儿子却突然对小伙伴说："抱歉，我暂时不想和你们玩躲猫猫了，我需要自己待一会儿，因为我现在情绪不好，我怕自己会吼你们伤害到你们。我情绪不好是我自己的原因，和你们没有关系。你们继续躲猫猫，随便你们躲哪里。"

说完，自己拿起一张小凳子，坐在上面发呆。

我惊呆了，好熟悉的话语，这不是我的台词吗？

后来，和儿子谈过，我才知道，原来在无意中，我在管理情绪这方面，

成了孩子的榜样，他从我身上学会了如何用合适的方式舒缓自己的情绪。虽然我没有用语言教导他，如何对自己情绪负责，但是当我自己做到了，孩子自然也就学到了。

我在一边静静看着儿子一个人坐在凳子上，一会儿发呆，一会儿生气，一会儿自己捧着脸蛋舒缓吐气，不做任何干扰。

过了没多久，儿子终于从凳子上起来，很开心地对小伙伴说："好了，我现在心情变好了，我想和你们继续玩躲猫猫。"

接下来的游戏过程中，即使儿子输了，他也不再露出那种沮丧、挫败的表情，而是很开心地给自己加油。

所以，父母要学会管理好自己的情绪，哪怕真有不顺心的事，别把气撒在孩子或者家人身上。时间长了，孩子的脾气也会急躁起来，变得喜欢指责别人。

03

我们自己不放弃学习和成长，保持乐观、阳光、积极向上的心态，保持对生活的热情。当我们自己心态平和，就能更好地接纳孩子、影响孩子，也更容易发现孩子身上的亮点。

这样，我们才能用心呵护、衷心赞美和鼓励孩子。孩子在这样爱的沐浴下，自然就能成为懂得欣赏他人、尊敬他人的孩子。

孩子小学期间，作为代表参加了一个大会。由于孩子是全校唯一的代表，因此学校很重视。但我对此，更多的是担心和苦恼，因为孩子在我面前自由惯了，做事特别随性，他真的能胜任代表的工作吗？

总之，到了开大会那天，我特别不放心，各种叮嘱他。他却只是一脸懵懂地看着我，我又着急又好笑。

大会归来，学校老师握着我的手，不停表达感谢："感谢您培养了一个好儿子，给我们学校增了光。您教育的儿子真的太有教养，太有礼貌了。很多成年人都做不到像他这样绅士，他不仅给孩子做了榜样，还给我们成年人做了一个很好的榜样。"

"我想知道发生了什么，让你对我孩子有如此高的赞赏？"

"很多细节，比如，进入会场他看到有领导会侧身礼让；哪怕是一根小小的牙签他都会用纸巾包着，等有垃圾桶再扔；需要发言时，他都会谦卑地鞠躬；还有……"

还没等老师说完，我打断老师的话："等会等会，你确定这是我儿子吗？"

"对啊，我们真的很惊喜，能给我们分享一下，你是如何教育儿子的吗？"

说实话，我完全想不起自己何时教育过孩子要这样做。

回到家我向儿子求证，老师说的都是真的吗？你是从哪里学到的呢？

儿子抬头看了我一眼说："我是从妈妈身上学到的啊，你平时也不会乱扔垃圾，带我去参加活动时，非常讲礼貌，我觉得这样很好，就决定向你学习。"

天性使然，我是个很注重细节的人，走到哪里都会很注意保护环境和该有的礼仪。只是对于孩子，我从未要求他如何懂礼貌，如何注意习惯。没想到，我反而在不经意中，成了孩子的榜样。

行动永远比语言更有影响力，父母给孩子做个好榜样，才能在孩子心中留下一个深刻的印象。

当你成为孩子榜样时，教育就在无形中产生了。

这样做父母可以幸福又快乐

01

有时，孩子让我们烦恼，不是因为孩子让我们失望，而是因为我们

过于在意孩子在成长过程中所犯的小错误。

每个孩子都有自己的成长规律，无需与旁人的孩子比较，所谓条条大路通罗马，行行出状元。我们之所以会对孩子有烦恼和焦虑，大多数是因为我们内心的不安。

如今父母把自己的幸福指数和孩子的分数、排名、习惯、行为等诸多因素，紧密联系在一起。孩子一旦有什么"风吹草动"，父母就紧张得不行，有时甚至会因为对孩子的教育观念不同，引发家庭矛盾。不知从何时起，孩子莫名其妙成了家庭成员幸福、温暖、快乐的那个坐标。

当孩子进入青春期，面对孩子的低分数和坏心情，整个家庭也因此笼罩着一股紧张的氛围，大家都不想因为说错话引发孩子的情绪。

想必当代父母都会觉得，自己很不容易，看着孩子的状态，似乎谈幸福和快乐，是一件很奢侈的事。其实做个幸福快乐的父母，和我们的孩子无关。当我们做好自己，感受到幸福了，就可以让孩子带着这样幸福的感觉学习和生活。

首先，停止对孩子的抱怨。

抱怨会消耗爱的力量，当我们不停地抱怨，忧愁也会增多。抱怨无法改变事和人，唯一可以改变的，是我们看待人、事、物的心境。

很多时候我们对孩子有抱怨，其实只是希望孩子理解父母的爱。但是我们越是感到烦躁不停唠叨，孩子就会离我们越远。

很多父母说养孩子太累了，聊起自己的孩子就充满无奈，总是抱怨孩子无法令我们满意。当我们养成抱怨孩子的习惯，孩子会因为这样的抱怨，对自己失去信心，和父母产生对抗。即使当下孩子迫于无奈顺从父母，生活积极性也会慢慢减弱。孩子放弃的并不是自己的未来，而是和我们的关系。

所以我们应该选择做一个不抱怨孩子的父母，去看到孩子的内心，把孩子看做一个独立的生命个体。同时，在心灵深处给自己一个甜美的微笑，真实地表达自己地情感。

　　抱怨少了，家自然会变得温暖，人也会变得放松，孩子也会因快乐而前行。

　　除了不抱怨孩子，父母还需要拥有自己的兴趣。

　　有了孩子之后，我们所有的一切都只围绕着孩子转。只要是关乎孩子的学习和兴趣，我们总觉得花多少钱都不重要。

　　因为有了孩子，我们不自觉地把自己牢牢捆在了一个狭小的世界里。

　　父母要有自己的兴趣，什么兴趣不重要，重要的是打开自己的生活娱乐圈。有了自己的兴趣爱好，我们的注意力就不会只集中在孩子身上，从而能改善亲子关系。有了自己的兴趣爱好，父母会更容易找到快乐的方式。

　　当我们一味地培养孩子的兴趣，孩子会感到很厌烦，还可能会丢给我们一句："你自己怎么不去学？"

　　当我们有了自己的兴趣，愿意为自己的兴趣投资，孩子会看到一个热爱学习和生活的榜样，这样孩子就会带着尊敬的心欣赏我们。

02

　　情感独立的父母，更容易感到幸福和快乐。

　　武志红老师说："我们很多成年人的内心世界都住着一个婴儿，虽然我们的身体看起来比孩子强壮，但是心还没有长大。"

　　情感不独立的父母，往往会下意识地让孩子填补自己的缺憾。比如自己曾经有个心愿未能实现，就会希望能借由孩子来实现。

　　很多时候，我们对孩子有不满，从而与孩子发生争论，只是因为那一个当下我们的情感不独立，过分依赖孩子带给我们心灵上的满足。当孩子不愿意完全按照我们的安排去做时，我们就会爆发恐惧和不安，和孩子起冲突。

　　所以，父母要先疗愈好自己。你的情感越独立，就越不会依赖孩子。

你的幸福感自然而然也会得到提高，整个人都会变得快乐很多。

自信满满的父母，更容易感到幸福和快乐。

父母想要孩子自信、阳光，自己要先拥有这种积极的心态。首先，父母需要完整的接纳自己、爱自己。不去讨好任何人，不为了迁就他人而委屈自己。听从自己内心的声音，温柔而坚定地拒绝你不想做的事情。

无论何时，父母都要给自己一百分的满意。不以爱的名义去改变他人，把注意力放在如何改变自己身上。

自信的父母，能包容一切的不好，会活得很真实；自信的父母，敢于真实面对自己的内心，敢于真实表达自己情感和需要；自信的父母，不会害怕失去爱。

越是自信的父母，在亲子关系中，越是能够全然地包容和接纳孩子，与孩子关系自然就会变得亲密美好，幸福欢乐。

养育孩子，是一个了解自己，认识自己，成为更好的自己的机会。

我们要学会接受自己生命所发生的一切，从容淡定地面对所有的障碍和挫折。别再戴着所谓的面具生活，只有真实才能带给我们生活的力量。

当我们愿意无条件地爱孩子，欣赏孩子，包容孩子，尊重孩子，我们对孩子的抱怨也会慢慢消失。哪怕是极其简单的一件事情，我们都可以从中感受到满满的快乐和幸福。

有梦想和情怀的父母，更容易感到幸福和快乐。

无论年岁多大，父母都应该拥有自己的情怀和梦想，并且一直为自己的梦想而努力。当你拥有自己的梦想，孩子就会更尊敬你；当你拥有情怀，孩子也会更懂得维护自己的情怀。

有了可以为之奋斗努力的目标，父母就不会把自己的期望全压在孩子身上。当孩子看到父母努力的模样，也会视父母为榜样，从而像父母一样，为自己的梦想而努力。

如何活成让孩子钦佩的父母

01

成功的父母，就是活出孩子钦佩的样子，在灵魂和精神上足以引领孩子，成为孩子生命的榜样。

我发现很多家长对孩子的教育都很头疼，孩子学习不积极、叛逆、性子急……父母找了尝试了很多教育方法，却收效甚微。

实际上，孩子身上的问题，和家庭、父母有很大关系。

有的时候，当我们对孩子只注重结果，没有看到孩子思考的过程，在孩子成长路上，为孩子设置很多的标准规则，约束和框架，甚至在心里早已为孩子做好所有规划。唯独对自己，没有任何约束和成长规划。

并不是说父母一定要多才多艺、八面玲珑、无所不能，但是父母在精神上应该要成为孩子的榜样。

希望孩子积极向上，我们就要先成为这样的人；希望孩子善良体贴，我们就要先做到这样；希望孩子更懂我们的爱，我们就要先去了解孩子；希望孩子爱学习，我们就要先爱学习……

倘若我们自己在玩游戏看电视，却呵斥孩子要专心做作业，好好学习；倘若我们从不看书学习，却规定孩子每天必须看书，奔赴一个个培优班；倘若我们对生活和工作充满无奈、压力、消极怠慢，却要求孩子充满热情……那么，孩子对父母的信任和尊重就会降低。

前几天，有幸收到孩子邀请，一起和他的同学们去玩。要知道，能够被一群青春期孩子邀请，是多么难得的事情，而且只有我一个家长跟着他们一群孩子玩，这就让我感觉这次机会尤为珍贵。

孩子们说："阿姨，我们特别欣赏和崇拜你，觉得你很有才华，很好相处。"

还没等我反应过来，我儿子说："是的，我妈妈特别有才华，那是因为她一直在学习成长。"

然后，我听到孩子在同学面前对我一番赞扬，我从孩子眼神中看到满满的欣赏。

事实上，这并不是我第一次听到孩子在同学面前赞美我，我常常能听到孩子在其他家长面前对我表达赞美和欣赏。

我对儿子说："亲爱的，听到你对妈妈的赞美，妈妈特别感动。"

儿子说："不，是你影响我，我非常钦佩你，你是我生命的榜样。"

短短的几句话，儿子却说得非常坚定有力量，那一刻我的心受到了深深的触动，我从来没有想到自己会成为孩子钦佩的人。

儿子看我没有说话，继续说："我钦佩你，是因为你从来不放弃希望勇往直前；我钦佩你舍得为自己投资，不断精进学习和成长；我钦佩你为人和善，付出很多爱却从不计较；我钦佩你即使遇到困难，也会想办法解决而不是意志消沉；我钦佩你从来不强迫我去做什么，你都是做好自己，改变自己……"

听到孩子这样的一番话，我很惊讶，同时感受到满满的幸福。

真的是希望孩子走多远，你就先要求自己走得更远；希望孩子飞多高，你就先要求自己飞得更高……

我问孩子："这么多年，妈妈的事业没有获得太大成功，也并没有获得很多财富。现在却能收获你对妈妈的钦佩，我很感动。"

儿子说："妈妈，也许你和其他人相比，事业不算成功，没有什么财富。但是我钦佩的妈妈并不需要事业成功、家财万贯、什么都会。你对待自己以及生活的态度积极向上，你爱学习、爱生活，就足以让我钦佩。其实我们孩子都钦佩能以身作则的父母。"

02

教育，是潜移默化润物无声的，是能够影响和熏陶我们的性情、气质的。

很多时候父母所扮演的角色容易成为审判者，从而忽视对孩子最好的影响其实是做孩子的引领者。

因此，父母想要活出孩子钦佩的样子，自己首先要能够引领孩子前进。

即使我们不是首富，事业也未必很成功，但孩子看到我们努力生活，自尊自爱的样子，就会从心底产生对父母的钦佩。

我国著名的政治家、文学家——大学士曾国藩，一生最钦佩的人是他的祖父，他祖父虽然连字都不认识，却胸怀大志，心怀慈悲，一直行善。

曾国藩说，他一生受祖父影响最深。

正如老子所言：处无为之事，行不言之教。这句话可以理解为，最好的教育就是生命影响生命，灵魂影响灵魂。

成为孩子钦佩的父母，你也可以。

那么具体应该怎么做呢？

（1）做好孩子生命的陪伴者。对于孩子来说，最重要的就是父母的陪伴。父母不应该去苛求孩子完美，而应该去参与这个生命的成长过程。感恩有机会和孩子一起成长，一起完成这段生命旅程……

（2）成为孩子的引领者。父母要做好对孩子精神上的引领，而不是为孩子规划好一切，做孩子万事的锦囊。父母要丰富自己的内在，提升自己的思想境界。

（3）给孩子做好榜样。我们要比孩子更加努力，也要愿意花时间来学习、成长，丰富自己的知识，唯有成为一个灵魂有温度、有趣的人，才能给孩子有智慧有力量的爱。

所谓言传身教，当我们活出孩子钦佩的样子，养育孩子就会成为一件轻松、幸福的事。有了父母做榜样，他会对自己的未来更有规划，充满信心。

父母如果总是把自己的孩子拿去与别人家的孩子比较，会让孩子产生自我怀疑。

有的时候去商场或者游乐场，如果孩子有要求没有得到满足，又或

者当下孩子的要求在父母眼里并不是合理的，父母为了让孩子不再闹腾，就会通过比较来抑制孩子的需要。

比如，你看那个小朋友都没有哭，你作为姐姐（哥哥）怎么那么爱哭？

父母为了激发孩子学习动力，或者想让孩子改掉某个不好的习惯时，就会说："你看看隔壁家的孩子学习那么好，那么乖，你就学学人家。"

家长本意是想激励孩子，通过这样的方式，让孩子懂得自己与别人的差距，看到自己需要提升的地方，从而认真学习，改掉一些所谓的坏习惯。希望孩子以身边的同龄人为榜样，成为优秀的孩子。

但是如果父母经常拿自己的孩子和别人家的孩子对比，孩子就会产生自我怀疑，甚至会觉得如果自己不够优秀，爸爸妈妈就不会爱我，只有我变得很优秀才可以得到爱。

这样孩子要么变得自卑、胆小、没有目标、做事情畏畏缩缩，要么事事追求完美，钻牛角尖。

作为父母，你可曾想过，到底怎样做，才能给孩子最好的支持，才能让孩子产生最大的动力？

03

孩子真正的榜样应该是父母。

我们常常说：孩子是父母的镜子！孩子的生活习性、性格气质等无一不反映出这个家庭成员的习惯。

回想我们自己的人生经历，或多或少也有过让我们充满力量的榜样。

记得在我遇到困难或者障碍的时候，我也常常会找寻身边的榜样来获得力量与动力。这个榜样，有的时候是身边的人，有的时候是某个电视剧中的人物。总之，榜样的力量是强大的，这会在很大程度上激励我，给我信心和勇气。

我不知道其他父母有没有想过成为孩子的榜样，当我成为母亲，我就一直想做好孩子的榜样，在某些方面给他好的影响，比如生活习惯、日常礼仪等。

当孩子慢慢长大，需要的自然不仅仅是生活方面的榜样。做孩子的榜样不是有外在就可以了，你的内在也会在无形中对孩子产生影响。

因为明白这些道理，所以我开始想要成为孩子人生中最好的榜样。但事实是当我有了这个想法后，我感受到的是压力与恐惧。

我害怕做不到，害怕自己最后无法成为孩子的榜样，更害怕我刻意做出的"榜样行为"会让孩子觉得很假。我越想，就越觉得很累，烦躁不安！

也许在我拼尽全力的过程中，我忽略了最重要的一点，就是把我一颗真心拿出来，活出自己最真实的一面。

好消息是，我开始学习去成长。学习成长的好处就是，我不会再轻易陷入消极的漩涡中。但是想要完全不产生消极情绪是不可能的，不过现在即使我还是会掉入坑中，可爬出坑的速度会一次比一次快。

某天孩子和我聊天，看着我说："妈妈，我是发自内心欣赏你，你一个人把我带大，还把我带得这么好。我真的非常非常敬佩你，这不是谁都能做到的。"

我还没有来得及表达我的喜悦，孩子接着说："妈妈，当老师要我们找个身边的人来当学习的榜样，我想都没想，就决定把妈妈当榜样了。我为有这样的榜样骄傲！因为我妈妈即使遇到再大的挑战和困难，也从来不放弃希望，始终如一，对很多人心怀善意。"

那一刻我的眼泪顺着脸颊滑落下来，这是一股幸福的暖流。我被这样的幸福冲昏了，傻傻地站着一动也不动。

孩子以为我没听到，拉大嗓门说："妈妈就是我的榜样，妈妈用生命告诉我，要做最好的自己。"

我不知道如果是你听到这样的话，会有怎样的感觉。当孩子用这样洪亮的声音，说出这样感人的话时，我如同触电一般，马上反应过来，感激地抱住孩子说："我亲爱的孩子，妈妈谢谢你！"

　　我最深刻的体会就是，父母对孩子的影响真的不是靠父母告诉他应该如何去做，而是靠你的行为、你的思想去潜移默化地改变孩子。

　　当我不执着我的需求，放下我的恐惧和焦虑，我无意中就成了孩子的榜样。

　　每个父母都可以成为孩子的榜样。

　　如果你希望孩子积极主动，遇到困难的时候不会畏惧，那么，请开始做孩子的榜样，活出自己生命的热情！

　　平时要多问问自己：

　　我能够真正地活在当下，快乐地体验每一个时刻吗？

　　我对孩子的承诺能百分之百兑现吗？

　　我能够放慢自己忙碌的脚步，停下来好好倾听孩子的心声吗？

　　我是真的对生命中的点点滴滴都充满感激吗？

　　我愿意放下焦虑、担心，不对孩子有太多的批判、指责，让孩子真正去体验生活吗？

　　做父母的要成为孩子心灵上的榜样，就要放下那些所谓的标准、规则，看到自己孩子身上闪光点，不拿自己的孩子去和别人家的孩子比较。因为自己的孩子是你自己负责去呵护的。

有一种好妈妈叫"活出自己"

做个好妈妈

是很多女人有了孩子后的愿景

做个"好妈妈"有很多标准

这些标准，其实很多时候

是我们给生命画了一个圈

随着孩子的成长，圈在慢慢缩小
世界似乎也在缩小
这样的好妈妈
感觉如何，滋味如何
只有自己才知道

曾经我也是带着无数个标准
待在圈里的"好妈妈"
所有的一切都亲力亲为
似乎有了孩子，一夜之间自己就像换了一个人似的
那些不会做的事情，瞬间会了
那些不懂的事情，瞬间懂了
是的，我成了旁人公认的好妈妈
然而，那种身心的疲倦唯有自己知道

很多时候，我们为了让自己成为好妈妈
开始处处对孩子要求完美
追求着大家心中那个完美妈妈的形象
那个好妈妈的样子
孩子学什么，我们会什么
孩子做什么，我们学什么
能文能武
做了妈妈几乎成了百科全书
半个养生专家
选择培优学校的行家

或许，我们成了外人眼中的好妈妈

可是，只有我们自己知道

这些赞许背后的辛酸和无力

我们担心着孩子未来

担心着孩子的状态

担心着孩子的健康

担心着孩子的喜怒哀乐

担心着自己做得不好会给孩子留下遗憾

旁人看来，我们的确是个好妈妈

无所不能，把孩子照顾得周全

其实我们对自己有很多的不满意

我们成了所谓的好妈妈

然而没有时间，没有多余的精力来做自己

多少次因为吼完孩子而以泪洗面

多少次因为养育孩子的辛苦与伴侣发生冲突

默默地怀疑人生，怀疑爱，怀疑自己的选择

原本的美好成为满目疮痍的痛

即使如此

依然得时刻提醒自己，鞭挞自己

我们能随时停下自己想要的梦想

喜欢的兴趣和爱好

唯独停不下对孩子的付出

有的时候忙碌一天

不知道为何而忙，为谁活着

一直极尽所能，尽己努力做一个好妈妈

丝毫不敢懈怠和放松

想舒服地做自己喜欢的事情
害怕旁人说自己自私，不管孩子
是的，我们为了孩子付出所有
唯独把自己弄丢了
没了自己的兴趣，没了自己的梦想
甚至都忘记了倾听自己心灵的声音

亲爱的你，是时候该活出自己了
我们不需要成为文武双全的妈妈
不以爱的名义剥夺孩子成长的权利
当我们把所有的幸福和成就
都交给孩子，让孩子为我们的一切承担着
我们用能否培养出一个优秀的孩子
来评定自己是不是个好妈妈
我们就会发现
自己对孩子有很多期待和标准
当孩子符合你的标准了，你就满心欢喜
不符合你的标准，就生气抓狂

我们一边做着虑心的妈妈
一边觉得自己不够好
一边怀疑自己的孩子
总是想等到孩子懂事了
等到孩子长大了
等到孩子上大学了
我再来好好地爱自己
好好地关注自己，好好地过自己想要的生活

人生没有那么多等等，当下就是最重要的
每个当下都在创造着每一个未来

亲爱的，允许自己不是一个"好妈妈"
没有所谓完美的妈妈
只有完整的自己
孩子不是你的，他有他想走的路，
你只负责把他带到这个世界上
做好他生命的陪伴和引领者
唤醒孩子自我探索生命的本质
你只负责分享来自生命创造的喜悦
负责把自己的生活过好，活出精彩自己
就是对孩子最大的爱

亲爱的，好好地爱自己
让自己内心充满宁静、喜悦和舒畅
当我们越是充满对生命的喜悦
越是可以带给孩子一份希望和光明的力量
所谓的好妈妈，和孩子是否成绩优秀无关
而是你自己那份生命的定力带给孩子的影响
让孩子学会自尊、自爱、自信
这样的价值观，才是孩子一生最大的财富
未来他必将荣耀自己

大咖推荐

这是一份宝藏

武汉大学经济与管理学院党委书记 杜晓成

人生是一场稍纵即逝唯一单向奔往终点的旅行，每个人在这个世界的状态，决定了这个生命的张力和这个生命的弹性。

有些是肉眼可以看到的，那仅仅是行为表象，真正托起一个生命的，是那些看不见说不出，内心深处的纯美和爱，那种对生命本质的敬仰和尊敬。

当一个人面对困苦挫折，依然保持一颗向善向上纯净的心，这是很难得的。而能把自己的经历，真真切切地分享出来，更难得。

毛妍力的《别担心，孩子没问题》每个文字都特别朴实，特别温暖。这是一个生命最真实最真挚的情感流动。

我想，所有父母，或是从事教育工作的人，都需要学习作者身上这份对教育的纯真的爱。我相信这本书对很多父母都会有帮助。当父母和孩子有冲突时，不妨静下心来看看这本书。

无论在何时，智慧永远都值得被尊敬、被欣赏。作者能够在这么年轻的时候，对生命对教育有如此多的顿悟和探索，并且对此进行实实在在的践行，就是一份宝藏。我想，这应该被这个世界所看到、所祝福。

《别担心，孩子没问题》内容生动有趣，小的故事蕴含了很多养育孩子最真切的道理。和那些说教式的家庭教育书相比，更接地气，充满了生活的味道。

本书看似故事，其实这是一份对生命真实的体悟。希望更多的父母能够与这本书结缘，让自己的孩子，在成长路上，开启生命的智慧，启迪内在的天赋。让简单温暖的爱，注入孩子的心田。

祝福每个读者，愿我们在做父母这条路上，携手前行，共同成长，为孩子树立好的风向标，做孩子生命的榜样。祝福每一个家庭教育践行者，越来越好。

逆境生长，向阳绽放

湖北省励志妈妈 武汉十大微公益人物 金子

从我和毛妍力"谋面"，到重聚的日子里，她和我一样经历了生命的重创和生活的磨难。相似的经历，让我对她有了灵魂深处的共鸣，我被她震撼了。

我平生第一次体验到了，用生命支持生命给他人带来的心灵的震撼。

之前人们跟我讲："老师，您在用生命支持生命"，而我听后无觉！毛妍力的出现，填补了我生命中自我认知的盲区。她让我真正感受到了一个平凡的生命，在经历了苦难的洗礼之后，有多么璀璨的光芒。

毛妍力，一个平凡得不能再平凡的小女子，一个在经济上非常窘困的单亲妈妈。她经历了人生的重创与打击之后，依然如春天的"野百合"，无论身在何处，依然努力地生存；无论境在哪里，依然肆意地绽放。

《别担心，孩子没问题》深层表达的内涵，一定会从现有的说教式儿童教育类图书中脱颖而出，散发出别样的心灵智慧的幽香。

别错过，它不是太阳，但它也许会成为你在亲子关系中前行方向的路灯，它微弱却持续不断的温暖，一定能让你为之感动。

生命本是一次没有回程的旅行，当我们下车时，留下的只有爱和思念，一起都将归于尘土，还于生活。只有爱，可以留下，只有文化，可以传承。

愿心不再有距离，愿文化不再有冲突，愿你我不再有分歧，用生活做纸，用生命做笔，书写福爱人生。

向宛若"野百合"般，逆境生长，向阳而生的毛妍力致敬！

她在用生命做教育

日记星球创始人 小牛妈妈

我始终相信一句话"在你生命中出现的每个人都是有原因的",因此我非常感恩在生命中遇见优秀的妍力,在她身上我看到了坚韧、乐观、豁达。

遇见妍力不仅是我人生中一件十分幸运的事情,也是所有孩子们的福分。妍力对教育事业的倾情投入,对孩子们全身心付出的爱和责任,无时无刻不在感染着她身边的每一个人。

我看妍力的日记,经常被感动得潸然泪下。尤其是她写的关于问题学生的个案分析方面的文章,深深地触动了我。

很多孩子的问题,究其根源都是父母的教育理念和方法有问题,强烈推荐家长朋友们认真看看《别担心,孩子没问题》这本书,它会让你在教育孩子的过程中少走很多弯路。

因为一个对于生命充满敬畏的女子,她的作品所饱含的其实就是一种生活和养育孩子的初心。仅仅是作者身上那种真挚纯善的品质,以及她对孩子无私的爱,就是值得我们学习的榜样。

妍力在我眼里是非常优秀的,她的优秀不仅体现在家庭教育研究领域,她对夫妻关系问题的研究也是非常有深度的,尤其在唤醒女性自信、自立、自强等方面。

很多夫妻关系出现问题的朋友看了妍力的文章都开始慢慢醒悟,一位又一位女性朋友重新找回了人生的自信,一对又一对问题夫妻因为看了妍力的文章而重归于好。

　　毛妍力是日记星球的老学员了，日记星球的学员有两个共同点：一是都喜欢写日记，二是都非常能坚持。妍力的坚持精神深深地打动了我。

　　记得有一次她生病了，病得很严重，我没想到她病得那么历害，最后还是带病咬牙坚持过来参与活动。这就是毛妍力，一个坚强、自信、豁达，遇到问题从不低头，一直在用生命做教育的女人！

用生命温暖生命

国家一级心理咨询师 骆霞

对于《别担心，孩子没问题》的作者，大家谈起她都带着一股欣赏和敬佩。我很好奇是什么，让大家对这个小女子有如此高的评价。

后来我才知道，原因很简单。毛妍力拥有一颗真心，一颗简单执着的真心，一颗对生命敬畏的真心，还有对家庭教育，对孩子的真心。这不就是在用生命温暖生命吗？

当《别担心，孩子没问题》映入我眼帘时，我便被吸引。作者更多的是站在母亲的角度，或是作为家庭教育践行者去对待孩子。她充分尊重每个生命，面对不同的父母，不同的孩子，始终保持着中立。

她对生命始终是抱着欣赏的态度，没有批评，没有指责，没有攻击，有的仅仅只是爱。

为人父母，我们需要去思考，你是要做在与孩子的沟通中占据道理的家长，还是与孩子共同成长，彼此温暖的家长？你是把孩子看作问题的载体，还是看作一个独立的生命个体？

《别担心，孩子没问题》的作者一直在用一份真心，走进自己孩子内心世界，走进每一个家长内心世界，走进每个孩子的世界。

我看到作者写下的每一个孩子的故事，都是关于人，关于孩子生命本身。那些所谓的问题，其实并不会影响孩子。

然而，我们往往太在意结果，从而没有给予孩子足够的鼓励、欣赏和耐心。作为引导孩子成长的家长，我们要及时给予孩子鼓励和指引。

对于孩子而言，家长的陪伴与包容，则是非常必要的支持。

　　真实的学习来源于领悟，有效的知识来源于实践。毛妍力是真正在践行、在实修的家庭教育践行者。我们期待，这份实实在在的真情，会让更多家长有缘结识。

　　希望家长们能像毛妍力一样，用生命温暖生命，用生命影响生命，从每个当下成长和改变，做孩子生命的引领者。

我们都需要学习如何爱孩子

中共武汉市委办公厅巡视员 王世军

养育一个孩子，我们需要从一个立体的角度去看待这个生命，而不是只看孩子的分数、成绩。也许现在的孩子拥有非常丰厚的物质生活，然而他们的幸福指数却不高。

《别担心，孩子没问题》大部分的文章都来自作者自己的生活，她的文字温暖、富有情感，一字一句都饱含一个母亲的爱、坚强、智慧和担当。使人读起来非常舒心，能够体会到作者身上一份坚实的毅力。

本书中小小的故事蕴含很深厚的哲理，所谓大道至简，真正的教育并没有那么复杂。只需要我们每个父母，懂得参与一个生命成长的过程，用自己的生命来影响这个生命，这个孩子的未来路上一定不会太差。

也许这本书还有很多不足之处，但是每个人都有缺点，重要的不是去看这个人有多少缺点，而是看这个人有哪些值得我们学习的地方。

作者在过往的生活、漫长的岁月中，找到了自己人生存在的意义。我们无法想象一个弱女子，在经历挫折时，有多么无力和无助。

然而，她没有放弃自己，没有放弃对教育的一份初心和喜欢。这样的灵魂是最美的，是值得我们去学习的。因此这本书，也值得我们用心品味。

我们的人生，千变万化，每个孩子成长也是如此。年龄段不同，孩子的表现自然也会不一样，我们不能用同一个标准，来要求孩子每个阶

段都是一样的。

　　我相信每个父母都是爱孩子的，而如何爱孩子却是需要学习的。毛妍力是一个我们值得向她学习的母亲，因为她是用自己的生命、爱和智慧，在养育孩子。

亲子教育，任重而道远

惠友木业总经理 毕兰玉

在一个智慧父母的沙龙课堂上，我认识了毛妍力老师。当时我正为亲子关系遇到障碍而困扰。妍力老师走到我的身边坐下来，说了一句话，深深地拨动了我的心弦。具体什么话，我已经不记得了。我只记得当时听完这句话后，我的眼泪止不住地掉下来了。

第一次，一个对我来说完全陌生的人，彻底地看懂了我。她的洞察力、感受力、共情力令我佩服不已。

通过交往，我发现妍力老师极其聪慧、能干、且特别温暖有爱。她会书法、会写作、会养花、会刺绣、会主持，她的速记能力一流，课堂笔记可以作为范本。最重要的是，她特别懂孩子，她与自己儿子的关系亦母亦子，亦师亦友，令人羡慕。

后来我得知，她因为热爱孩子、婚姻变故等原因，毅然决定走上向内探索自己的道路，边工作边参加了心理学领域各种深度课程的学习，并将亲子关系作为了自己主要研修的方向。

因为身体健康的原因，近三年来，她的经济状况一直受限，但是妍力老师从未因此停下探索亲子教育的脚步。

《别担心，孩子没问题》这本书对我这个孩子已经上了大学的母亲而言，一样具有指导作用。相信即将做父母的，或者已经做了父母的，以及和孩子接触较多的爷爷奶奶们、教育工作者们如果能认真阅读，细细体会，并参照落实，一定会获益匪浅。